GIOVANNI BOCCACCIO EDITORE E INTERPRETE DI DANTE

a cura della

Società Dantesca Italiana

FIRENZE
LEO S. OLSCHKI EDITORE
MCMLXXIX

atti del convegno su « Giovanni Boccaccio editore e interprete di Dante » promosso dalla Società Dantesca Italiana
(Firenze-Certaldo, 19-20 aprile 1975)

ISBN 88 222 2876 6

ONORANZE A GIOVANNI BOCCACCIO
NEL VI CENTENARIO DELLA MORTE

COMITATO PROMOTORE

AVVERTENZA

Il Comitato organizzatore delle onoranze a Giovanni Boccaccio nel sesto centenario della morte, nell'ambito delle varie iniziative prese in esame, decise di affidare alla Società Dantesca Italiana l'organizzazione di un Convegno sul tema « Giovanni Boccaccio editore e interprete di Dante ».

Tale convegno, che dette avvio non solo alle pubbliche onoranze fiorentine (e italiane) ma anche all'attività ufficiale del « Centro di documentazione dantesca e medievale » istituito nel 1974 dalla Società Dantesca Italiana, ebbe luogo nei giorni 19 e 20 aprile 1975 nella « Sala di Dante » in Orsanmichele e nel Palagio dell'Arte della Lana, poi concludendosi degnamente quanto doverosamente in Certaldo.

Fra le relazioni tenute in quelle giornate è obbligo ricordare quella sulle redazioni della Vita Dantis, *pronunciata strenuamente dal collega Pier Giorgio Ricci, gravemente colpito ma non ancora vinto dal male. Se, per ragioni tristemente ovvie, quel contributo non fa parte degli atti, il Ricci aveva d'altronde già enunciato (e in parte documentato) la propria ipotesi di lavoro in pagine uscite poco dopo il Convegno nel volume ottavo degli « Studi sul Boccaccio », cui rimandiamo il lettore.*

La Società Dantesca Italiana, pubblicando il presente volume di Atti, ringrazia cordialmente quanti, Colleghi e Amici, vollero a suo tempo collaborare all'iniziativa; un ringraziamento particolare al Dott. Beniamino Macaluso, allora Direttore Generale delle Accademie e Biblioteche, che volle personalmente inaugurare l'attività del « Centro di documentazione dantesca e medievale », e al prof. Francesco Sisinni, succedutogli nell'alto ufficio, che con provvida sollecitudine è intervenuto per agevolare la pubblicazione.

La Società Dantesca Italiana

Francesco Mazzoni

SALUTO DEL PRESIDENTE DELLA SOCIETÀ DANTESCA ITALIANA

Signor Direttore Generale, Autorità tutte, Colleghi e Amici della Società Dantesca Italiana, gentili Consoci, Signore e Signori.

Innanzi tutto un vivo ringraziamento e un cordiale « benvenuto » a Lei, Signor Direttore Generale, che a quest'incontro amichevole ma significante ha voluto dare il sigillo autorevole della Sua presenza; e un grazie a tutti gli intervenuti. Come è detto nell'invito ufficiale, si inaugura in questa occasione il Centro di documentazione dantesca e medievale; gioverà rammentarne brevemente le origini, gli scopi, e come si inserisca e coordini entro l'attività scientifica e pubblica della Società Dantesca Italiana.

La Direzione Generale delle Accademie e Biblioteche, attraverso l'illuminata opera dei vari Direttori, ha sempre sostenuto e incoraggiato, in questi ultimi tre lustri, l'impresa dell'Edizione Nazionale delle Opere di Dante, sollecitandone l'avanzamento e il compimento. Dei preventivati volumi, come è ben noto, oltre l'edizione della *Vita Nuova* curata da Michele Barbi nel 1932, videro così la luce nel 1965 la *Monarchia* a cura di Pier Giorgio Ricci, e, tra il 1965 e il 1966, la monumentale Edizione critica de la *Commedia secondo l'antica vulgata*, elaborata dall'Amico Giorgio Petrocchi. È da tempo in bozze l'edizione del *De vulgari* predisposta da Aristide Marigo e riveduta da Pier Giorgio Ricci, mentre le altre opere sono in fase più o meno avanzata di preparazione. Ma qui non intendo fornire un quadro dello stato d'avanzamento dei singoli volumi; quanto sottolineare come subito si sia posto al Consiglio direttivo e alla Presidenza della Società, intorno al 1968, il problema concreto di una ordinata utilizzazione del materiale raccolto a servizio dell'Edizione stessa, anche al di là dell'occasione legata all'approntamento delle singole opere. La Società Dantesca Italiana, per Statuto, ha quali precisi scopi promuovere il culto e lo studio di Dante ad ogni livello, oltre che curar l'Edizione critica delle sue opere; ci si rese subito conto – e non poteva essere diversamente – che un'occasione unica per promuovere, oltre che il culto, lo studio del nostro maggior poeta e dell'età che fu sua, traeva origine appunto dalla presenza, nelle vecchie mura del Palagio, di un materiale prezioso, raccolto con i contributi dello Stato, e quindi da considerare, sia pure a certe precise condizioni, disponibile e consultabile. Non mancavano del resto i precedenti, il primo anello della catena: quando nel 1938 morì il sempre compianto Giuseppe Vandelli, per lunghi anni bibliotecario della Società, oltre che curatore della edizione critica del Poema, egli volle che le Sue carte fossero donate alla Società, in un fondo (intitolato appunto al Vandelli) che raccoglie gli spogli effettuati dallo studioso durante la sua lunga vita, secondo i 400 passi del 'canone', da lui allargati a circa 600. Oggi, sul piano del metodo, l'idea del 'canone' è tramontata, si è rivelata inadeguata, si è tradotta e sviluppata in un ben più ampio, documentato scrutinio di *loci critici* che punta alla maggiore documentazione possibile; oggi, al posto dei quaderni già stampati su quattro colonne, con i versi del canone e gli spazi bianchi per la collazione, anche Giuseppe Vandelli avrebbe adoperato *microfilms*, che consentono il continuo, totale ricorso, secondo le necessità immediate, alla tradizione manoscritta.

E appunto i *microfilms* costituiscono parte cospicua del nostro gazofilacio, per un complesso di circa 1500 pezzi, da tempo ordinati in una microfilmoteca a servizio dei collaboratori dell'Edizione. Nello stesso tempo, in tutti questi anni, si è grandemente accresciuto il patrimonio librario acquisito in funzione dell'Edizione; sicché si è resa necessaria una ristrutturazione della Biblioteca sociale (attualmente in corso) in rapporto alle maggiori esigenze di spazio. Di qui il passaggio, e sia pure parziale, del Fondo Accessioni dai locali del secondo piano a questo piano primo (mentre al secondo restano gli altri più antichi e importanti fondi, da quello Giuliani in deposito dal Comune di Firenze a quello Franchetti e al fondo Eroli, donati alla Società ai primi del '900). Passaggio non facile, perché ha implicato anzitutto un contenzioso legale per ottenere lo scioglimento d'un rapporto di locazione, e perché nel frattempo, cioè nelle more del giudizio, dal '70 al '73, i costi della mano d'opera e delle suppellettili necessarie per la ristrutturazione sono aumentati vertiginosamente, in qualche caso addirittura del 50%.

Intorno al 1969 ebbi ad esporre a Salvatore Accardo, Direttore Generale delle Accademie e Biblioteche, i progetti della Società: e trovai entusiastico assenso e pronto incoraggiamento. Accardo era convinto – e lo dimostrano esplicitamente anche alcuni suoi pubblici scritti – che occoresse, nel nostro paese, impostare una nuova politica culturale e per la ricerca: fruendo – nella ben nota inadeguatezza delle strutture universitarie – di ogni possibile infrastruttura: in particolare delle Accademie e degli Istituti di Cultura. Nacque così, in colloqui fiorentini e romani, il progetto del Centro di documentazione dantesca e medievale: legato sul piano pratico alla documentazione raccolta per l'Edizione Nazionale e ai fondi librari della Società Dantesca Italiana, ma insieme,per ciò che è della ricerca, collegato alle cattedre di Filologia romanza e di Filologia dantesca della Facoltà di Lettere fiorentina. Parlare di cattedre, significa implicitamente parlare anche di didattica: il Centro non mira davvero a sostituirsi ad altre strutture, o a sopperire ad altrui carenze: in esso verrà effettuata una didattica seminariale a livello di laurea o di incontri post-universitari, che vorrebbero allargarsi, attraverso la collaborazione di amici e colleghi, alla medievalistica in senso lato, e puntare anche a corsi di aggiornamento per Insegnanti di scuole superiori.

Questa attività potrà avvalersi, ovviamente, di tutto il materiale librario (circa 15.000 volumi) della Società; dell'archivio fotografico; della microfilmoteca. Quando si aggiunga che nei locali che stiamo per inaugurare avrà anche sede la redazione dell'Edizione Nazionale delle Opere di Dante nonché la redazione della rivista sociale « Studi Danteschi », appariranno ben chiare, in tutta la loro dimensione, le possibilità di lavoro scientifico a ciclo continuo e a circuito chiuso (dalla ricerca alla pubblicazione dei risultati) che il Centro di documentazione dantesca e medievale intende offrire agli studiosi e ai giovani che vi approdino dopo una precisa qualificazione a livello universitario.

Questi i nostri programmi di massima, per ora necessariamente contenuti ma fondati su esperienze concrete di studio e di lavoro; aggiungo che opererà presso il Centro, a livello di consulenza agli studenti e di ricerca scientifica e bibliografica, il personale addetto alla Cattedra di Filologia dantesca della Facoltà di Lettere; e che, *last but not least*, il nume indigete di queste mura sarà, ovviamente, Gianfranco Contini: il maestro che col suo prestigio scientifico ha dato autorevolezza e sicurezza all'attività della Società Dantesca Italiana.

Ma un altro maestro oggi intendiamo onorare, augurandoci che non manchi per il futuro la Sua collaborazione di studioso e di docente: dico Eugenio Garin, dal 1962 al 1974 Consigliere della Società Dantesca Italiana. Oggi Garin, preso dai suoi maggiori impegni, non è più nostro Consigliere: ma ciò non gli vieterà certo di donarci il prezioso contributo della sua sapienza e del suo nome. La Società Dantesca, a ricordo dei lunghi anni di sodalizio, offre oggi ad Eugenio Garin la medaglia d'oro della *Lectura Dantis*; e una medaglia in argento offre anche a Lei, Signor Direttore Generale, che ha voluto partecipare a questo nostro amichevole incontro. Non credo sia retorica dire che nei momenti gravi che il paese attraversa questa nostra cerimonia non vuol essere intesa come un'accademia di sopravvissuti o di patetici isolati: vorrei che tutti noi la sentissimo, invece, come una affermazione, nonostante tutto, di fiducia e di speranza nel futuro, come un atto di fede nella civile convivenza e nel comune lavoro.

Domenico De Robertis

LA TRADIZIONE BOCCACCESCA DELLE CANZONI DI DANTE

La relazione, com'è questa mia, su un lavoro in corso e, una volta tanto, se non parrà immodesto, in progresso, comporta il rinvio a (e il confronto con) le attestazioni di precedenti stati di avanzamento. Nel caso specifico, a due altre relazioni prodotte in circostanze analoghe. La prima, esattamente speculare della presente quanto all'occasione e nella formula, tenuta nel settembre del 1965 e per il 7° centenario della nascita di Dante, durante una giornata certaldese dedicata appunto all'opera dantesca nella prospettiva (e per le cure) di Boccaccio, e per la mia parte riservata all'analisi dei tre esemplari di sua mano delle canzoni, costitutivi di quell'ampia tradizione che da lui prende nome; la seconda, giusto sei anni dopo, a Ravenna, settembre 1971, nel 650° anniversario della morte di Dante, e riguardante i problemi dell'edizione, *simpliciter*, delle rime, ma vivamente condizionata, nelle premesse e nelle prospettive di lavoro, dalla presenza di tale imponente tradizione.

Il riferimento sarebbe tanto più agevole, e per gli addetti ai lavori immediato, se le due relazioni ora ricordate non fossero accomunate da un uguale esito editoriale. L'una e l'altra non sono come tali di ragione pubblica: la prima non destinata alla stampa, data la provvisorietà (non dico l'approssimazione) delle conclusioni, richiedenti ulteriori raffinamenti, successivamente raggiunti, e sostanzialmente, oggi, per me ben ferme, e per la quale, se ben ricordo, la pubblicazione non era nemmeno prevista; la seconda, consegnata entro termini perentorii (e quasi ancor calda della sua lettura) per gli atti di quel convegno, e che aspetta da allora di vedere la luce con le altre consorti *.

* La fortuna, « quae sera tamen respexit inertem », ha permesso che questi atti siano ormai fuori al momento dell'uscita della relazione presente.

Tuttavia, almeno per la prima, la necessaria messa a punto è avvenuta, ed è consegnata in due successivi contributi. La prima volta nel '70, per la collocazione entro il quadro della tradizione che fa capo al Boccaccio di un rappresentante fino allora praticamente inedito della Raccolta Aragonese, anzi un primo modello di questa e a questa anteriore di qualche anno, giunto alla Società Dantesca Italiana dalla dispersione della biblioteca Ginori Conti, e risultato di diretta derivazione – per la *Vita Nuova* e le canzoni, come del resto (e contro le conclusioni del Barbi) la seconda e più nota 'edizione' – dall'ultima copia boccaccesca dell'opera di Dante, il codice Vaticano Chigiano L V 176. [1] E posso aggiungere oggi che altrettanto va detto, per la seconda edizione, per la *Vita di Dante* (nel 2° compendio) del Boccaccio. [2] La seconda occasione, recentissima, e quasi prelibazione dei lavori del centenario e di questo convegno, è quella della pubblicazione in facsimile appunto dell'esemplare Chigiano. [3] Il duplice accertamento della consistenza di questo estremo prodotto dell'editoria dantesca del Boccaccio sia come fonte specifica di una particolare e ben individuata tradizione seriore, sia come prodotto in sé, cioè sotto il profilo codicologico, consente di fermare alcuni punti che, come dicevo, considero definitivamente acquisiti, e che perciò posso riassumere brevissimamente.

La tradizione boccaccesca delle canzoni (ma il discorso resta valido per la *Vita Nuova* e per la *Commedia*) si costituisce come la riproduzione e divulgazione di un modello fissato dal Boccaccio (ne sia o no lui l'ideatore) nelle tre successive copie di suo pugno di quindici di queste nei codici 104.6 della Capitolare di Toledo, Riccardiano 1035 e Chigiano anzidetto. È di immediato rilievo, ormai fissata in ogni descrizione di codice e nei relativi studi, la formazione di un'identica serie « tragica », evidentemente ispirata al progetto del *Convivio* (nonché l'inserirsi di questa entro un più vasto *corpus* dantesco, praticamente immutato nonostante la riduzione del Riccardiano a *Commedia* e canzoni soltanto, e grazie alla ora provata unità di Chigiano L V 176, *Vita di Dante, Vita Nuova* e canzoni, coll'altro Chigiano L VI 213 della *Commedia*); così

---

[1] D. De Robertis, *La Raccolta Aragonese primogenita*, in « Studi Danteschi », XLVII, 1970, pp. 239-258, e specificamente 241-253 (ora in *Editi e rari*, Milano, Feltrinelli, 1978, pp. 50-65).

[2] La dimostrazione nel mio studio *Sulla tradizione del 2° Compendio della « Vita di Dante » del Boccaccio*, in « Studi filologici, storici e letterari in memoria di Guido Favati », Padova, Antenore, 1977, pp. 245-256.

[3] *Il codice Chigiano L. V. 176 autografo di Giovanni Boccaccio*, edizione fototipica, con introduzione a cura di D. De Robertis, Roma-Firenze, Archivi Edizioni - Fratelli Alinari, 1974.

dicasi del mantenimento dello stesso caratteristico ordinamento (con *Così nel mio parlar voglio esser aspro* in testa e la canzone montanina in coda, e i blocchi ben individuati delle canzoni del *Convivio*, delle petrose residue e delle canzoni dell'esilio), ordinamento non riscontrato in nessun'altra tradizione. A ciò si aggiunge, a conforto, la riproduzione, di copia in copia, di un certo numero d'errori, [4] che fanno delle tre edizioni boccaccesche – pur con esplicite variazioni (come la traduzione delle rubriche di latino in volgare e poi la loro soppressione), e nonostante qualche ritocco e la modifica di certi generali criteri formali – la ripetizione di un unico testo comunque stabilito o ricevuto.

I rapporti tra i tre codici si istituiscono, al di là dell'eventuale revisione del proprio operato, per riunione di Riccardiano e Chigiano di contro al Toledano in una serie di lezioni congiuntive, e per separazione del Toledano per una serie di lezioni caratteristiche, peraltro non giustificanti una correzione, né correggibili, o non correggibili nel senso della tradizione generale: a garanzia che seconda e terza copia (giusta una diacronia comunemente accettata), ossia Riccardiano e Chigiano, non risalgono alla prima, ossia al Toledano. Viceversa la terza copia deriva dalla seconda, come è provato, oltre che dalle lezioni sue caratteristiche, dalla spiegabilità di certe sue lezioni solo sul Riccardiano (forme equivoche di alcune lettere di questo; scambio di una postilla ordinatrice – in caso di trasposizione di versi – per variante correttoria, di integrazione per variante sostitutiva ecc. ecc.). [5]

Lo *stemma codicum* rende così ragione anche della diversa sorte dei tre autografi. Il Toledano (*Vita Nuova, Commedia* con gli argomenti o « raccoglimenti » in terza rima, canzoni con le rubriche latine, il tutto preceduto dalla redazione maggiore della *Vita di Dante*), codice perfettamente costruito e compiuto, sembra essere uscito ben presto dalla portata del Boccaccio; laddove il Riccardiano, codice per me non completo, nonostante la nessuna traccia di mutilazione, e probabilmente rimasto interrotto (in attesa del rimaneggiamento della *Vita di Dante*?), restò nelle mani di lui tanto da arrivare a trarne, per le canzoni, la copia chigiana, che riproducendo, grazie alla recente ricostruzione, [6] il modello del Toledano (salvo l'addizione petrarchesca), sembra confermare l'isolamento del Riccardiano, e l'immagine di un Dante amputato. [7]

---

[4] Già elencati in *La Raccolta Aragonese primogenita* cit., pp. 249-250.

[5] Cfr. *La Raccolta Aragonese primogenita* cit., p. 251, e soprattutto *Il codice Chigiano L. V. 176* cit., pp. 40-46.

[6] *Il codice Chigiano L. V. 176* cit., pp. 18-30.

[7] Ma vedi ora l'ultimo capoverso del cit. studio *Sulla tradizione del 2° Compendio.*

D'altra parte la collateralità di Toledano e Riccardiano postula un comune esemplare, il modello delle quindici « canzoni distese », evidentemente non riproducibile due volte indipendentemente nemmeno dal razionale Boccaccio, se nemmeno l'irrazionale, il *raptus* di Campana permette ricostruzioni *de mémoire* di esemplari perduti. Nessuno dei codici della tradizione boccaccesca può aspirare a tale titolo per ragioni cronologiche. Potrà invece qualcuno di essi aspirare ad un'anteriorità stemmatica, ossia può essere che la fonte comune a Toledano e Riccardiano si sia riflessa indipendentemente in un terzo codice? A questa domanda può rispondere solo l'esplorazione totale della tradizione boccaccesca.

Quale sforzo ciò comporti si premurò di illustrare in termini quanto più possibile realistici, di ore lavorative e di rendimento, la relazione del settembre del '71. Il testimoniale inevaso (per un totale di oltre un centinaio di codici) che pendeva sull'edizione delle rime, era rappresentato interamente dalla tradizione boccaccesca, salvo l'acquisizione della lezione dei tre autografi; e coll'aggravante delle tre canzoni del *Convivio*, che pur ne fanno parte, per le quali si deve aggiungere appunto la tradizione organica, ossia del testo premesso ai singoli trattati (con la complicazione delle varianti delle citazioni entro il commento). I tratti macroscopici della prima (serie di quindici canzoni nel tipico ordine, riproduzione delle lezioni caratteristiche della terna boccaccesca), se valgono per una rapida ascrizione ad essa dei singoli rappresentanti, non sono sufficienti a rilevare la varia articolazione della trasmissione (per esempio l'assenza di rubriche non implica discendenza dal terzo esemplare, che le abolisce; come un disordinamento non esclude l'appartenenza alla tradizione boccaccesca), soprattutto non permettono l'individuazione, sotto i connotati comuni, di eventuali testimonianze collaterali, ossia di caratteri non boccacceschi della tradizione. Tanto più che la moltiplicazione degli esemplari comporta maggiore eventualità di trasmissione incrociata e di contaminazione, quanto meno di emendamenti per collazione. Complice lo stesso Boccaccio, che ha lasciato nelle sue copie qualche doppia lezione, e i segni dei suoi interventi.

Ora, proprio il fatto che si tratta di una tradizione praticamente uniforme ha permesso la soluzione del problema, diciamo l'aggiramento della difficoltà. Il ricorso, nella precedente relazione, al linguaggio, ossia alla nozione della produzione industriale in certo modo rispondeva alla natura di un così diffuso prodotto e alle relative « contraddizioni ». Lo stesso riferimento valga per l'illustrazione della soluzione, proprio in quanto cavata *ex re*.

La normale collazione di oltre cento codici (e per le canzoni del

Convivio oltre centocinquanta) per circa 1400 versi (per l'esattezza 1380) comporterebbe, a una media ragionevole di 70 versi all'ora (quella fatta a mia misura), l'impiego di almeno 2200 ore di lavoro, nette di ogni altra cura, fosse pur quella di sfogliare il codice o di avvolgere il microfilm: un impegno assai più che annuale, beninteso sul piede di una settimana lavorativa di 36 ore; non parliamo se con una più agile e umana distribuzione dello sforzo, specie per chi non ha sulle sue spalle solo l'edizione delle rime.

D'altra parte, la quantità d'informazione che è lecito aspettarsi da una tradizione come questa, eminentemente ripetitiva e che ha costituito, da poco dopo la metà del Trecento, la vulgata delle canzoni, è piuttosto ridotta, anche in presenza di fenomeni entropici vistosi: entropia, cioè, ma entro precisi limiti. Il riscontro, poi, delle varianti registrate di centinaia di testimoni richiede a sua volta un minimo di ordinamento e intabellamento, la costruzione di quadri sinottici, l'apertura di una specie di grande contabilità. Appunto tale inevitabile passaggio mi si è offerto come la possibile scorciatoia: la simbolizzazione e codificazione della *varia lectio* come strumento di riconoscimento e registrazione di ulteriori varianti. Neppure una scoperta, se l'adopera ad esempio Dom Quentin nelle sue *fiches* di smistamento delle varianti, nei suoi *Essais de critique textuelle.*[8] In sostanza, ad ogni variante conosciuta tratta dai codici della tradizione non boccaccesca (più le tre copie di mano del Boccaccio) già interamente e regolarmente collazionati (in media, una quarantina per canzone), si è sostituito un contrassegno, riportato ordinatamente con la sua chiave (ossia la variante che rappresenta) a riscontro della lezione-base adottata (quella del testo di collazione); successivamente annotando per ogni nuovo codice i simboli corrispondenti alla lezione rilevata, salvo instaurarne dei nuovi per lezioni fino allora mai occorse.

Dal punto di vista tecnico, si tratta insomma della memorizzazione artificiale, mediante segni convenzionali non significativi ma riconoscibili, di tutta la *varia lectio* già nota al fine dell'immagazzinamento di quella non ancora estratta; l'equivalente dell'informazione fornita a un cervello elettronico al fine dell'ordinamento e messa in relazione dell'ulteriore informazione immessavi: con sostituzione della codificazione numerica binaria (legata, com'è noto, alla bipolarità elettrica) con un sistema più vario e duttile d'immediata percezione visiva, e visualizza-

[8] Dom H. Quentin, *Essais de critique textuelle (Ecdotique)*, Paris, Picard, 1926, pp. 67-70.

zione delle attestazioni comuni in base alla similarità dei segni in un tabulato che rappresenta in ogni momento la stessa griglia mnemonica secondo le coordinate orizzontali e verticali dei riferimenti testuali, dei *loci*, e dei relativi testimoni. Immaginatelo come una serie di tavole, suscettibili di fogli intercalari, con una leggenda (la lista delle varianti in ordine di testo) fronteggiata, in colonne corrispondenti a ciascun codice, dalla risposta istantanea della collazione: qualcosa di simile al registro dei voti di una classe, se se ne usa ancora, con le varianti al posto dei nomi, e i segni della loro presenza nella colonna relativa al tale codice al posto dei voti (o delle assenze) sotto le rispettive date di lezione. Se il metodo dovesse attecchire, i fornitori di cancelleria per le scuole non avranno da temere un calo delle ordinazioni.

Da un punto di vista produttivo, con la sostituzione di una data informazione (ossia variante, da scrivere per esteso ogni volta) con un suo contrassegno, si ha la costituzione di una specie di catena di montaggio della tradizione (ossia un procedimento classificatorio topografico) sulla base di un modello o prototipo dato dalle varianti già acquisite (non, si badi, di una scelta di punti o *loci* critici), che permette di collocare a colpo ogni ulteriore informazione, quanto dire la produzione di nuovi esemplari. L'accelerazione del ritmo è prossima alla quadruplicazione di quello di una collazione ordinaria; salvo beninteso, fatto tipico di ogni produzione di tipo industriale, l'ammortizzamento dei tempi necessari alla preparazione materiale della catena di montaggio (ossia dei tabulati) e alle operazioni di servizio (passaggio da manoscritto a manoscritto, da testo a testo, segnalazione dei dati di riconoscimento generale – il « codice » di ciascun codice –, maneggio dei tabulati): tempi ora esaltati proprio dal confronto con l'abbassamento di quelli di produzione pura e semplice. La media dei 200 versi all'ora può ritenersi garantita e sostenibile; con riduzione a un terzo della previsione generale.

L'economia del procedimento è confortata dalla bassa percentuale di informazione nuova acquisita, ossia di registrazione di varianti inedite (anche a livello di *singulares*), cioè dalla pratica autosufficienza del modello, del prototipo, già includente, si è detto, le tre copie del Boccaccio: ciò che basta a connotare questa tradizione come il costituirsi appunto di una grande vulgata. Si aggiunga l'immediata realizzazione visiva delle affinità e disparità, anche ben al disotto del livello delle lezioni congiuntive e significative. L'esperimento è stato di proposito condotto su due canzoni, *Io sento sì d'amor la gran possanza* e *La dispietata mente*, che non contribuiscono alla tavola delle lezioni costitutive della tradizione boccaccesca. E quanto alla possibilità di scarti di produzione, ossia di errori di collazione dovuti alla rapidità e quasi meccanicità del procedimento e all'uniformità delle resultanze, il sistema si rivela notevolmente autocorrettivo: la compresenza e la dominabilità visiva di molte testimonianze insieme sollecita continuamente il controllo. Alla rilevanza specifica dell'esperimento se ne aggiunge dunque una metodologica. La riduzione dei tempi di lavorazione non incide sulla esaustività della documentazione; e disponendo di un prototipo sufficientemente articolato e in presenza di una grossa vulgata, il procedimento può trovare ottime applicazioni; per esempio alla vulgata nuova della *Commedia.*

Quanto a risultati specifici, lo scopo dell'esperimento era di verificare la bontà del procedimento e le sue eventuali controindicazioni, *non* evidentemente di ottenere delle conclusioni che su campioni (quali sono appunto le due canzoni prescelte) non si potrebbero pretendere nemmeno se la collazione fosse avvenuta coi metodi tradizionali, proprio per la parzialità dei dati ottenuti. La totalità della collazione, osservata rispetto ai due testi in questione, deve essere assicurata rispetto all'intera serie di quindici, e la completezza delle testimonianze integrata dalla completezza del testo. La probabilità tecnica del procedimento dà appunto via libera alla sua estensione all'intera serie. E si può parlare di escussione del testimoniale di ciascuna canzone al ritmo tutt'altro che stressante di un mese o poco più, ritagliando i tempi in una nostra normale (cioè sufficientemente alienata) giornata di lavoro.

Se dunque è ovvio che le fila si tireranno alla fine di questa maratona, il cui traguardo è comunque alla portata delle gambe, indicazioni interessanti emergono già da questa parziale documentazione, e i rapporti di affinità tra i testimoni si disegnano con particolare evidenza, sotto forma di richiami uguali, alla lettura del tabulato. Potrei citare qualche esempio concreto, di raggruppamenti delineatisi sin dalle prime battute della raccolta; ma non si differenzierebbero da quelli ricavati da una collazione normale, e non sono, credo, i connotati dei testimoni o la natura delle varianti a costituire motivo d'attrazione per l'ascoltatore. Piuttosto vale la pena rilevare che, come ciascun testimone ha nel grafico la sua « figura », e questa ovviamente si ripete per i testimoni affini, la nozione, l'idea di serie simili di segni s'impone visivamente a quella, l'unica razionalmente valida, di comunanza in errori e lacune, integra cioè questa (e talvolta, in assenza di errori e lacune, la sostituisce) con una più ricca e sottile connotazione. Il che, per lezioni quasi regolarmente secondarie, ossia per sottogruppi e diramazioni di una tradizione ormai sufficientemente determinata, non dovrebbe sollevare a rigore eccezioni formali.

D'altra parte l'esame di una tradizione di questo genere, di cui sono ben individuate le testimonianze originali (non dirò, perché non posso ancora dirlo, gli originali), non importa tanto per la definizione della posizione reciproca dei singoli codici, quanto, attraverso questi, del senso e della posizione degli originali; al modo del resto che ogni classificazione di codici tende alla ricostruzione di ciò che li unisce, all'individuazione della loro comune origine come approssimazione all'originale. In attesa dell'espletamento delle formalità della critica testuale, di cui è esempio l'esperimento in atto, da tradurre ormai in produzione in serie, lasciamo il campo per un poco alla storia della tradizione; i cui risultati conoscitivi, anche ai fini delle decisioni ultime, sono tutt'altro che da sottovalutare.

Si può rilevare ad esempio, grazie alla sua netta individuazione testuale per varianti caratteristiche proprie, il costituirsi di una specifica tradizione facente capo al Toledano, e d'altra parte la sua limitata fortuna (non tuttavia proporzionalmente alla presenza delle rubriche latine sue proprie, che hanno subìto una notevole falcidia), limitata soprattutto rispetto a quella vastissima degli altri due esemplari: difficile da separare questa, salvo casi particolari e ovviamente meglio in relazione al Chigiano, dato il rapporto di derivazione che li lega, e la condizione del terzo, il Chigiano appunto, di raccogliere l'eredità del secondo, il Riccardiano. Che resta il codice più sfuggente. Il criterio, ad esempio, di confrontargli i codici di canzoni recanti anche il 1° compendio della *Vita di Dante*, non giuntoci autografo, mentre la redazione più estesa è consegnata nel Toledano e il 2° compendio nel Chigiano, non sortisce, per il momento, risultati apprezzabili proprio per la sua scarsa individualità testuale. L'ipotesi che il testo Riccardiano corrisponda al momento della compilazione del 1° compendio non trova ancora conforto nell'esame dei codici che questo compendio recano, resta per ora non più che un'ipotesi. Lo stesso Barbi, che per il 2° compendio supponeva addirittura un altro esemplare di mano del Boccaccio anteriore al Chigiano e analogamente configurato, e che d'altra parte sulla base dei codici recenziori suddetti cercava di ricostruire la silloge che recava il 1° compendio, non si è mai azzardato ad accostare questi al Riccardiano.

Viceversa la storia del Chigiano, e intendo con questa designazione la riunione di Chigiano L V 176 e Chigiano L VI 213, la storia di questo terzo esemplare è per due secoli la storia della sua presenza a Firenze, e al centro di operazioni e interessi forse mai interrotti, continuazione per molto tempo della stessa presenza di Boccaccio, e che hanno il loro momento culminante nella grande impresa della filologia laurenziana, ossia la Raccolta Aragonese. Un nodo il cui intero scioglimento, quando che sia, ci dovrebbe aprire i segreti di tutta una tradizione di cultura, di cultura volgare, tra l'umanesimo postboccaccesco dei Filippo Villani e dei Coluccio Salutati e quello dell'età del Magnifico. Il merito della filologia di Giovanni Boccaccio, chiamiamola pure così, riguardo a Dante è anche quello di essere a capo di un vivo processo che arriva fino a Lorenzo, a Poliziano e più oltre, fino alla Giuntina di rime antiche del 1527. Il Chigiano ha tutta l'aria di aver costituito un ponte, un legame essenziale tra la cultura degli umanisti e quella volgare: il luogo, direi, della loro non separazione.

E qualcosa sembra d'intravedere a tratti, per tramite delle testimonianze recenziori, anche più a monte, riguardo cioè allo stesso primo costituirsi della tradizione boccaccesca. Per una delle due canzoni esaminate, *Io sento sì d'amor*, la testimonianza del Sessoriano 410 della Nazionale di Roma e del manoscritto 26772 degli Additionals del British Museum ci pone in presenza di una lezione quasi interamente depurata delle caratteristiche della tradizione boccaccesca, a meno di una contaminazione, di una collazione, ma che nel manoscritto del British si esercita, ad opera della stessa mano, proprio come correzione del testo originale con quello del Boccaccio. Il dato non è confortato per l'altra canzone *La dispietata mente*; per la quale d'altra parte si delinea un'altra serie di codici con riduzione delle caratteristiche boccaccesche: Riccardiano 1083, Madrileño 10227, Laurenziano Rediano 184, Ashburnhamiano 843, gli ultimi due ascritti dal Barbi per la *Vita Nuova* giusto alla famiglia opposta (β) a quella a cui appartiene il testo del Boccaccio, e anche qui in opposizione alle risultanze della prima canzone. Nell'uno e nell'altro gruppo, a codici che serbano l'ordine canonico delle 15 canzoni, se ne affiancano di quelli nei quali quest'ordine appare intaccato se non sovvertito. Tale alterazione, se in tanti casi non vale, s'è detto, come indizio di non appartenenza alla tradizione boccaccesca, deve comunque essere considerata come non indifferente per il *corpus* delle 15. Al limite, l'ordine Boccaccio può non significare tradizione Boccaccio non per semplice assunzione di quello da parte di altra tradizione, ma come costitutivo di una tradizione che sarà a un certo momento quella del Boccaccio.

Ognun vede quanto prema che questi indizi o sospetti vengano verificati su tutto il *corpus* anzidetto. L'unica relazione a cui riferirsi, ormai, e l'unica che si potrà ancora avere da me è quella finale, che spero prossima, posta a introduzione all'edizione delle rime di Dante.

Giorgio Petrocchi

DAL VATICANO LAT. 3199
AI CODICI DEL BOCCACCIO: CHIOSA AGGIUNTIVA

M'è parso non incongruo, in un convegno che ha inteso dedicare spazio adeguato al Boccaccio editore di Dante nel quadro generale del cultore e lettore e biografo, aggiungere qualche postilla al metodo filologico del massimo creatore d'una tradizione testuale della *Commedia*. I miei studi attuali, versati a tracciare una "nuova" (l'aggettivo è qui tra due apici) *Vita di Dante*, m'avrebbero consigliato a trascegliere piuttosto un altro tema, il cui titolo sonasse all'incirca in questo modo: « Quel ch'è fededegno e quel ch'è fantasioso nel *Trattatello* », dico meglio per quel che afferisce agli elementi biografici ivi presenti. Ma l'invito del carissimo Francesco Mazzoni ha risvegliato dal sonno qualche scheda rimasta inevasa durante il mio lavoro sul testo della *Commedia*, e volentieri qui la rispolvero sia pure nella condizione in cui era, scheletrica e cursoria, unita a poche schede nuove, originate dal lavoro mai abbandonato sulle tradizioni recenziori. L'essenziale è che muti in me l'ottica con cui riscorrere occasioni perdute o rinviate nel tempo in cui provvidi a collazionare i tre codici boccacceschi del poema; allora la vista dell'editore era affisata al testo di cui s'intendeva ricostruire la veste anche linguistica; oggi vorrei occupare il poco tempo a mia disposizione guardando l'illustre amanuense, non Dante. Insomma il protagonista dovrà essere lui, intento allo sforzo di serbare la *Commedia* nelle condizioni che gli parvero migliori.

Mi siano consentite poche parole di preambolo didattico, ovviamente non rivolte agli addetti ai lavori (e qui sono presenti, questo pomeriggio, addirittura i massimi architettori della filologia dantesca), ma a chi desiderasse una rapida esposizione dei tempi e modi dell'opera di Boccaccio copista di Dante. Diciamo subito che nella preparazione del materiale della nostra edizione l'ultima tappa era data dal Chigiano L. VI. 213 (=Chig), di mano del Boccaccio, che lo trascrisse non molto avanti la nomina a lettore di Dante, nell'agosto del 1373, ultimo dei tre esemplari della *Commedia* di suo pugno, dopo il Toledano 104, 6 (= To) e il frammentario Riccardiano 1035 (= Ri). Sebbene anche questi due codici boccacceschi siano stati tenuti presenti, non s'è reso necessario, come si vedrà, l'analitico raffronto con Chig, il quale si impone sugli altri con la qualifica di edizione ultima e definitiva del testo dantesco. Sulla storia del Chigiano L. VI. 213 è caduta oggi la luce chiarissima dello studio esemplare di Domenico De Robertis sul gemello L. V. 176 [1] con una minuziosa e indiscutibile ricostruzione "speculare" delle due parti d'un'identica e coeva fatica boccaccesca. Ovviamente le conclusioni derobertisiane confermano anche la datazione di questa terza *Commedia* e il rapporto con i precedenti Toledano e Riccardiano. Si è dunque oggi molto più franchi nell'operazione di disboscare il terreno da eventuali perplessità lasciate dalla dimostrazione che dapprima veniva condotta in base all'istanza di reperire il minor indice di errabilità e la tanto maggiore compattezza testuale dell'antica vulgata rispetto ai codici seriori, e come sostanzialmente non esistessero lezioni affermabili e affermate dalla critica fuori della tradizione 1322-1355, e cioè avanti la scrittura di To che in ogni caso non può essere anteriore al 1357-1359. [2]

L'esegesi dei rapporti fra Vat e Chig, impegnata su tutto il poema, dava una serie assai fitta di risultati nei luoghi che si sono manifestati più indicativi, e dove il carattere compromissorio e composito della *editio* boccaccesca disvela con maggiore nettezza perché l'opera del Certaldese tagli in due la tradizione della *Commedia* e perché, quindi, le basi fondamentali della edizione debbano essere costituite dalla tradizione anteriore: si potranno dunque riconsultare i lunghissimi specchi alle pp. 20-39 della mia *Introduzione* (primo tomo della *Commedia secondo l'antica vulgata*, Milano 1966).

L'analogia di comportamento di To e di Ri rispetto a Chig si constata dalla mera circostanza che nei moltissimi *loci* elencati le due prime fatiche boccaccesche divergono da Chig soltanto in pochi casi, dei quali tenni (mia *Introduzione*, p. 39 sg.) sufficiente documentazione, che può essere oggi ulteriormente estesa lungo un lungo arco che va dai moventi d'ingiustificabile disattenzione del celebre amanuense sino ai momenti finali del *Paradiso* (*volgendom'io con lei e li gemelli* anziché *con li etterni*

[1] Vedi D. De Robertis, *Introduzione* all'edizione fototipica del Codice Chigiano L. V. 176, Roma-Firenze, 1975.

[2] Il compianto, caro amico e insigne studioso Pier Giorgio Ricci era dell'opinione che l'inizio del lavoro di copista (in base agli « ultimi accertamenti intorno alla evoluzione della grafia del Boccaccio ») potesse « risalire al '52 o pressappoco »: v. P. G. Ricci, *Dante e Boccaccio*, Roma, Casa di Dante, 1975, p. 9.

gemelli a XXII 152; *secondo risponde* anziché *seco corrisponde* a XXVII 71) alla creazione di nuove soluzioni testuali o alle responsabili e meditate consultazioni fuori di Vat: *rispondere* di Triv invece di *risplendere* a XVI 30, *sappi che'n terra* invece di *pensa che 'n terra* a XXVII 140 (sempre per non voler perder d'occhio gli ultimi canti del *Paradiso*). Allegavo nella mia *Introduzione* essenziali documenti dei modi e casi per cui il Toledano si distingue per una maggiore osservanza delle lezioni di Vat; con Ri si accentua il processo di distacco, che trova la sua soluzione più libera nella veste di Chig. Confermo pertanto la tradizionale convinzione che i tre codici boccacceschi siano stati redatti nell'ordine To Ri Chig, avvertendo che l'esemplare di base della copia restò sempre Vat, e che il Boccaccio si limitò a correggere o a decidere la scelta sul fondamento di gruppi rappresentabili soprattutto con la testimonianza di Triv e di Urb. L'ascoltatore che dieci anni fa fu anche lettore del mio lavoro, mi potrà rendere testimonianza che allora allargai il campo delle possibilità collazionatorie del Boccaccio a molti codici, esplorati e inesplorati, nostrani e oltremontani o extraeuropei per rintracciare le possibili utilizzazioni del Boccaccio fuori dell'area del Vaticano. Del resto l'apprezzabile tentativo del Boccaccio di addivenire ad una edizione che si sostenesse sopra ampia rivista di varianti, è contenuto dalla sostanziale qualità dell'esemplare di collazione. Vat è testimone dalla indipendente personalità, e portatore di una serie di uscite chiaramente proprie e qualificanti; ma il criterio selettivo di così illustre amanuense non può accertare in maniera cogente che lo stesso Vat, prima di iniziare il suo trasferimento nella libreria del Petrarca, fosse sottoposto ad una copiatura ad opera dell'amicale offerente o d'altri (e da questa copia, perduta o non identificabile attualmente, il Boccaccio alcuni anni dopo decidesse di prendere l'avvio per la sua edizione), o che il Boccaccio si provvedesse presso la stessa officina fiorentina d'un codice per sé e di un altro per l'amico, come a me sembra più probabile. Il fondamento di To Ri Chig è comunque Vat o un suo gemello; la grande maggioranza delle convergenze, nello specchio inserito nella mia *Introduzione* e nei tanti luoghi omessi perché di più compatta struttura del percorso tradizionale (ma poi, nelle note ai versi, opportunamente presentati e illustrati), gode della importante convalida di poche differenziazioni, e quasi tutte per la volontà di contaminare o di accogliere gli esiti caratteristici di quel raggruppamento che oggi ha in Triv e nella copia del Martini (Aldina, AP XVI 25 = Mart) gli esponenti più noti. Distinguendo nel quadro delle reazioni di Chig i casi di accoglimento delle lezioni di Triv, e data per certa l'ininterrotta prossimità di Vat, pochi luoghi restano ove Chig aderisca ad altri gruppi, ché infatti occorre espungere le anomalie causate da errori solitari o, più frequentemente, da quella possibile formazione autonoma che costituisce (si vedano le pp. 43 e ss. della mia *Introduzione*) una delle causali di più agevole *eliminatio*. Ma più preme rilevare che talune correzioni della *editio* boccaccesca non hanno riscontro nella tradizione antica, e compaiono accolte solo in codici seriori. Si confronti *non s'attenne a Inf.*, IX 59, che compare in due manoscritti del sec. XV, e in altro che era di proprietà del Moore, ora alla Bodleian Library, Oxf. it. e 6, di chiara derivazione dai codici boccacceschi; *più biasimo* a *Inf.*, XI 84, altra correzione del Boccaccio, ecc.; e un'altra rettifica: *mi mostravate* a *Inf.*, XV 85. Il codice del Moore si situa tra i più precisi derivati del complesso editoriale boccaccesco, ma l'influsso che l'edizione ha avuto permea tutta la tradizione tardotrecentesca e quattrocentesca: dal cd. Moore a Bart., che ritengo della fine del sec. XIV, e che è ricco d'echi boccacceschi, da Fior. II I 31 a Fior. II I 33, da Par. 531 a Par. 542, per segnare alcuni tra i tipi più caratteristici, i quali accolgono alcune varianti congetturali inammissibili ma pur sempre degne di qualche nota: come *la qual non seppe* a *Purg.*, IV 72; vedi inoltre *trascender* a *Purg.*, III 35, che ricompare in Gamb. D II 41, degli ultimissimi del Trecento, ed è eccessiva forzatura dell'osservazione dantesca sulla limitatezza dell'intelletto umano a comprendere interamente ogni concetto; *il duol* a *Purg.*, XX 8, che mal si potrebbe riferire ad "avarizia", neppure nel senso di "sciagura", "danno", quale non è a *Inf.*, XXI 132 o *Par.*, XIX 118, inteso con valore morale; *così parlando* a *Purg.*, III 104, che è chiaro errore (Manfredi garbatamente chiede a Dante di non sostare, di non perdere tempo); *vegnonti a veder* a *Purg.*, V 44 altro errore palese (le anime dei morti per forza si sono già fermate per vedere Dante, cfr. vv. 34-35, ed ora si sono avvicinate per parlare, rivolgere una preghiera); *potentia* a *Purg.*, XVII 117, di secondario rilievo rispetto alla ovunque attestata *grandezza*, e tale da creare subito dopo una fastidiosa ripetizione (*podere*, al verso successivo); *in atto ognuno onesto e sodo* a *Purg.*, XXIX 135, altro patente trascorso di Boccaccio copista (ma la variante ha avuto scarsa fortuna nei manoscritti, più larga nelle stampe); *si quetano* a *Par.*, XXV 135, influito da *si quietò* quattro versi sopra; *soverchian* a *Par.*, XXXI 120, correzione che si è comunque formata, indipendentemente, a seguito del diffuso errore *le parti oriental* (cfr. l'apparato del mio testo), nel verso precedente. E qui la mia *Introduzione* allargava il discorso ad una serie di constatazioni d'ordine specifico (v. pp. 45-46), che non vorrò nemmeno di gran corsa rammentare oggi ai miei pazienti ascoltatori, anche perché gli aridi ragionamenti della filologia testuale mal si conciliano con le leggi della eloquenza congressuale, anzi vi contrastano affatto. *His fretus*, dirò dunque come per don Ferrante, mi limito a ricordare, magari soltanto a me stesso, il contenuto d'alcune schede perdute, e insomma a rileggere i miei scartafacci « con quel mio cuore d'una volta », se il passaggio dalla citazione di Manzoni a quella di Leopardi non m'ha già onninamente alienato le simpatie dell'uditorio.

A distanza di dieci anni non avverto la necessità di correggere le linee generali del mio discorso, ma soltanto sento che sul metodo del Boccaccio editore si poteva dire di più; ma ricordo che il *majora premunt* mi spingeva a dare ragione del perché d'una siffatta linea terminale nella storia della vulgata antica, rispetto a considerazioni che riguardassero più direttamente Boccaccio, meno orientando sulla composizione delle tradizioni antiche. È assai probabile che il Boccaccio sapesse da molto tempo che esistevano e avevano già sortito notevole fortuna altre trasmissioni. Abbiamo idee più precise, anche per merito delle dottissime ricerche di Francesco Sabatini sulla cultura angioina del Trecento; meno concrete sull'arrivo e le trasformazioni subìte dal testo della *Commedia* nella Napoli di metà Trecento. Apprezziamo in sommo grado le presenze della *traditio* settentrionale del poema (mi ci son troppo soffermato a suo tempo per poter ora tornare sull'argomento), e ora possiamo avanzare l'ipotesi che al Boccaccio, a Ravenna tra il '45 ed il '46, oltre che a Forlì nel '47, e poi nel '50 di nuovo a Ravenna, cadesse l'occhio sopra esemplari del poema dantesco – allora in gran copia circolanti, e assai più dei pochi residui, stante la successiva egemonia fiorentina che fece presto precipitare nel rischioso e nel pericoloso quel materiale dantesco circolante nel triangolo Bologna-Verona-Ravenna – e dunque traesse dalle letture della *Commedia* più o meno parzialmente esperite sulle strade della Romagna suggestioni, curiosità, echi, reminiscenze e incertezze testuali che dovevano tornargli più tardi alla memoria quando si porrà a trascrivere il poema, ad esercitare volontariamente e consapevolmente il ruolo d'editore, dunque di castigatore del testo, di severo censore d'inquinamenti constatati or qui or là per tutta Italia, e rampollanti di nuovo, a Firenze, da testimoni troppo divergenti dal suo amato Vaticano 3199.

La prima constatazione potrà essere diacronica. Nel principio del lavoro, e dunque trascrivendo i primi canti dell'*Inferno* il Boccaccio appare piuttosto inerte; ad esempio non corregge evidenti errori: *fur stabiliti* a *Inf.*, II 23; *che terra fosse* a *Inf.*, VIII 78; *per quella fiamma antica* a *Inf.*, IX 74; inserisce variazioni trascurabili, forse accettando chiose e facendole subentrare nel testo: es. *seguitando il giudicio di costei* di *Inf.*, VII 83; o, ancor più, *men Dio offende e più biasimo accatta* di *Inf.*, XI 84; tenta d'esplicitare il testo, ad es. *farò come colei che piange e dice*, solo perché l'*agens* è una donna (*Inf.*, V 126) – nello stesso modo s'era comportato il copista originario del Landiano –, così come avverrà, in posizione ancor più importante, nella var. *locho* invece di *fondo* a *Inf.*, XXIII 132; crea lezioni aberranti: *credo che s'era inginocchion levata* di *Inf.*, X 54, o di forte eco *Et io buon duca* di *Purg.*, VI 49. L'esigenza delle *Esposizioni* determina alterazioni di testo, nelle citazioni, epperò non le raccogliamo poiché evidente aggiustamento nel dire e nel chiosare: es. *al nostro mal perverso* di *Inf.*, V 93; *Avante che più entre* di *Inf.*, XIII 16. Altrove fanno riflettere allo sforzo che il Boccaccio compie nell'intendere un testo chiaramente corrotto nella sua copia (*Non ti noccia / la sua paura* a *Inf.*, VII 4-5).

Un'altra mia vecchia scheda mi chiede: quando scrive il commento quali dei suoi testi ha dinanzi? Credo il Toledano; donde l'errore di *Inf.*, II 116 *gli occhi lucenti lagrimosi volse*, ovvero quando a *Inf.*, IV 68 su To rileva l'equipollenza di tre lezioni *dal sonno, dal suono* e *dal tuono*, ovvero *gridavan* a *Inf.*, XXI 76, anche se non mancano presenze d'altre tradizioni, ma così saltuarie e testualmente poco rilevanti (per lo più d'eco indiretta o d'influsso di versi antecedenti) da non consentire riferimenti perentori (ad es. *La tua fortuna tanto ben ti serba* di *Inf.*, XV 70) come sempre quando si tratta d'errore poligenetico. Ricordo in tal senso gli echi di codici strettamente apparentati a Vat come il Gaddiano 90 sup. 125 e il Parmense 3285: un esempio tra i tantissimi: *correndo d'una turba che passava* a *Inf.*, XVI 5, con *turba* in luogo di *torma* anche nelle *Esposizioni*. Il Boccaccio consolida al massimo la compagine testuale del gruppo vaticano (*e se l'andar più oltre ci è negato* di *Inf.*, VIII 101; *quel sangue sì che copria pur li piedi* di *Inf.*, XII 125; *se Giove stanchi i suoi fabbri* di *Inf.*, XIV 52; *ritornando in quella* di *Inf.*, XV 53; *or coi piedi or col ceffo* di *Inf.*, XVII 50; *e muover giostra* di *Inf.*, XXII 6; *a la vendetta corron come a l'ira* di *Inf.*, XXVI 57; *non ritornò alcun, s'i' odo il vero* di *Inf.*, XXVII 65; *fur tutti* invece di *fur vivi* di *Inf.*, XXVIII 36; *che colà dove mi parea un rotto* di *Purg.*, IX 74, ecc.). Ma in questo genere d'identificazione, autentica e dirò consacrazione "secolare" della veste testuale del cosiddetto gruppo vaticano, s'è già detto a sufficienza nell'*Introduzione* e nel commento a piè dell'apparato; basti ricordare la fittissima elencazione delle lezioni che dal Boccaccio sono passate al Bembo, dal Bembo all'Aldina, da questa alla Crusca, poi alle edizioni settecentesche, infine al Foscolo e alla fiorentina del

1837, per penetrare a grandi fiotti nel Witte, nel Moore e così via, sino alla '21.

Nonostante questi elementi o, se si vuole, in forza d'essi, al Boccaccio sfuggono controlli su evidenti errori di Vat, con facilità evitabili con rapide consultazioni su codici dello stesso gruppo vaticano e forse *ad sensum*: così, per esempio, *li occhi affissi* invece di *i piedi* di *Inf.*, XVIII 43. Del resto questi illeciti boccacciani non sono stati ignorati dall'edizione critica secondo l'antica vulgata, poiché la striscia delle note registra i più rilevanti casi di anomalia dei tre codici Chig Ri To e li compara alla situazione generale che la tradizione offre in quei punti. Era buona norma arrestarsi sul limitare delle scelte del Boccaccio, ma non trascurare uno sguardo interessato al di là del nostro confine, interessato perché in grado di consentire giudizi sulla genesi di lezioni che risultavano irremovibili nelle precedenti edizioni ('21, Casella, ecc.). Qualche particolarità formale resta confinata ad una scelta affatto individuale del Boccaccio (ad es. *gigolar* a *Inf.*, XXIII 102; *rocchioso* per *ronchioso* a *Inf.*, XXIV 62; *da l'altra cinghia* invece di *da l'altro cinghio* a *Inf.*, XXIV 73; *così parlando* invece di *così andando* a *Purg.*, III 104), non deriva dall'ascendente e non passa nei rami successivi, forse bloccata dal Bembo, che ripristina la forma fiorentina più vulgata. E qui s'aprirebbe un discorso, quello del Bembo, quarto editore critico della *Divina Commedia*, dopo Boccaccio, Filippo Villani e il Nidobeato; discorso che non può essere nemmeno presentato in questa sede ma di cui non si vuol tacere la grandissima rilevanza nello studio delle tradizioni recenziori, in specie per quel che riguarda aspetti e itinerari paralleli e non convergenti tra Vat e i tre codici del Boccaccio: insomma i limiti d'autonomia e di dipendenza del Bembo rispetto al Boccaccio editore, gli scarni ma significanti apparati di collazione che il Bembo, in possesso com'è ovvio, d'incunaboli, si costruisce ad uso della futura Aldina, in definitiva la specie stemmatica particolare della 1502.

La resistenza del Boccaccio ad assumere il semplice ruolo di menante inerte ha qualche falla di metodo e di disattenzione. Vediamo qualche caso: a *Inf.*, XXXI 39 *giugnemi paura* con conferma d'una variante ch'era originata da evidente banalizzazione rispetto a *crescemi*; XXXIII 43 *Già era desto* (Ugolino) che è eco del precedente *Quando fui desto*; *ibid.*, 74 *e tre dì li chiamai* (e il Boccaccio non è lontano da chi in epoca moderna ha proposto di arrotondare a tre i giorni del brancolamento del conte in modo da arrivare a nove [tre per tre in analogia al lamento triduano dell'epica classica] dei complessivi giorni di digiuno); *Purg.*, VIII 64 *e l'altro a me si volse* invece di *e l'altro a un si volse.*

Lo scrittore, l'impareggiabile stilista, non obliò le sue prestazioni letterarie giovanili, il suo gusto callido delle armonie formali; ma dinanzi a Dante (e chi si sarebbe comportato diversamente, almeno in quella parte di secolo?) Boccaccio scrittore non svaria, non inventa, non riconia i conii, piuttosto s'adatta ad un'operazione, oggi biasimevole, ieri non so, di ripulimento, livellamento, riequilibrio, in effetti di semplificazione o di (qui il linguaggio tecnico può passarci sottobanco un vocabolo offensivo per l'odierno celebrato) trivalizzazione. Anche in tale fascia casistica si potrebbe abbondare se l'occasione non sconsigliasse attedianti elenchi: basterà ricordare la pertinacia nel livellamento in sede sintattica, finora mi pare non toccata; ma ci preme piuttosto rilevare i momenti e le occasioni d'un lucidissimo acume congetturale, così ad es. a *Purg.*, XVIII 12 dove i codici utilizzati dal Boccaccio recavano due diversi modi nella subordinata *quanto la tua ragion porta o descriva*, ma col Boccaccio inizia il pareggiamento del congiuntivo leggendosi ivi *quanto la tua ragion parta o descriva.* Non si vuol qui dare l'impressione, fortemente ma direi anche ovviamente errata, che i tre codici vadano visti unitariamente perché di paternità e di filiazione comuni. Anzitutto esistono le sviste momentanee, i concieri occasionali, i trascorsi di penna anomali, le oscillazioni legate ad un gusto formale o ad un *usus scribendi* transeunti, ma, quel che più interessa ora riferire, l'esperienza filologica matura con gli anni, da To a Ri, da Ri a Chig, mentre l'impeccabilità del copista s'affioca. Sono due linee di forza che giuocano un ruolo particolare per chiarire le diversità e anche le difformità tra i tre esemplari.

Le soluzioni positive del Boccaccio nascono sempre da una stretta aderenza a Vat, interpretandole quando gli riesce possibile (ad es. *ad orezza* con scritta distinta nel Toledano in *Purg.*, I 123) ma discostandosene nettamente in casi d'evidente errore "leggendario", e che cioè i lettori di Dante avevano già messo in rilievo come impossibili: *qual verso da Caronte* di *Purg.*, II 105 è naturalmente *qual verso d'Acheronte*, ove il rifiuto della dialefe *qual verso Acheronte* trova amplissima testimonianza in altri codici del gruppo Vaticano. Ma talvolta Boccaccio crea varianti congetturali non perché debba superare un ostacolo di Vat (che anzi è sulla giusta strada) ma perché s'era diffuso nella coeva tradizione un errore di facile genesi grafica, *mai* per *mal*, di modo che in entrambi i suoi codici, a *Purg.*, IV 72, ripiega sopra una propria interpretazione del testo: *la qual non seppe carreggiar Fetòn.* Né è raro il caso d'altri luoghi in cui la scarsissima attendibilità della lezione trasmessa e da Vat e da tutto il gruppo vaticano e da larghissima parte della *traditio* fiorentina e toscana, induce il Boccaccio ad una appassionata ricerca d'altra e più convincente lezione; esemplare il momento cruciale di *Par.*, XXVI 99: davanti all'amplissimo schieramento di *la voglia* e alla isolata eccezione (fiorentina) di *la doglia* (Triv), Boccaccio rintraccia (o divina?) la rarissima lezione *la 'nvoglia* e la patrocina ufficialmente nel Toledano.

Alludevo poc'anzi ad una certa *variatio* diacronica nel comportamento del nostro menante, dai primi canti dell'*Inferno* al *Paradiso*, ed è nella terza cantica che cadono tipologie diverse da quelle descritte sino ad ora (accenno alla possibilità che sia stato proprio il Bembo a creare un'alternanza d'autorità valida in tutte le stampe cinquecentesche, *et ultra*, certo sino al Foscolo); in *Par.*, IV 39 *de la celestial c'ha men salita* godeva e gode tuttora dell'autorità del Vaticano 3199 e del gruppo vaticano in genere, ma il Boccaccio vi oppone *spiritual*, che è nel Landiano, e, quel che più conta, nella linea Ash, Co, Ham, indicata *b* nel nostro stemma. S'apre qui, per merito del Boccaccio, una secolare disputa tra *celestial* e *spiritual* che forse non morrà, quei conflitti *porta/parte*; *maturi/marturi; mondo/moto* che l'editore dell'antica vulgata, per gettar la maschera: chi vi parla ora, si guarda bene dal ritenere sedati. Ricordo, ancora per il *Paradiso*, gli esempi di *espreme* per *spreme* a IV 112, *di più udire* in luogo di *più savere* a V 111, *Fulsemi* invece di *Fulgeami* a VIII 64, ecc.

Discorso tutt'affatto opposto è quello di varianti così speciose o capziose da morire con la fatica di Boccaccio o da avere modestissima e subito languente vita sull'ultimo scorcio del sec. XIV: *che par contra 'l voler* invece di *che par contra lo ver* di *Par.*, V 36; d'altronde i soli Ri e Chig variano rispetto alla vulgata, To era ancora su *del ver.* Ci si può dunque chiedere se i tre codici hanno differentemente e, quel che più conta, separatamente agito sulla trasmissione post-boccaccesca? È domanda cui non siamo preparati a rispondere documentatamente, dovendosi di necessità rinviare ad uno stato più avanzato del nostro lavoro di *collatio* della tradizione tarda: un'impressione, soltanto, e a scopo tra provocatorio e arrogante: che il peso di To è fortemente superiore a quello degli altri due codici, forse perché il primo e quindi il più dirompente, quello che ha operato in un terreno vergine o maggiormente "ingenuo".

Al termine di questa comunicazione occorrerebbe meditare alcun tempo su alcune correzioni affatto personali del lettore di S. Stefano della Badia; così *possa trascender la infinita via* invece dell'onninamente tradito *trascorrer,* a *Purg.*, III 35; o su scelte che hanno confermato nel "secolare" commento la decisione del copista certaldese (se possiamo sdoppiare la personalità di Boccaccio, e in qualche modo dobbiamo): es.

Purg., XVI 64 *uhi, noi, lui* (v. mia edizione). Ma l'ascoltatore mi farà venia dell'assenza di glossa al sommo glossatore di Dante, anche perché il curioso tra voi, concesso che vi sia, potrà trovare elementi e controelementi nelle note all'edizione 1966-1967. E qui faccio punto come il valente sartore *che com'elli ha del panno fa la gonna*, similitudine giudicata, com'ognun sa, sconveniente in bocca al Dottore Mellifluo, ma, sulle mie labbra, più che nobile e solenne e "tragica".

Giorgio Padoan

GIOVANNI BOCCACCIO E LA RINASCITA DELLO STILE BUCOLICO

Il Boccaccio ricorda esplicitamente le egloghe, che l'Alighieri scambiò col maestro bolognese Giovanni Del Virgilio, nel *Trattatello in laude di Dante* che acute osservazioni del Billanovich e del Ricci collocano tra il 1351 e il 1355; [1] e in quella medesima operetta si fa menzione di colloqui che il certaldese tenne con persone che vissero accanto al poeta in quell'ultimo periodo ravennate, come ser Piero di messer Giardino da Ravenna, « il quale fu uno de' più intimi amici e servidori che Dante avesse in Ravenna »,[2] e il fiorentino ser Dino Perini, « secondo che esso diceva, stato quanto più esser si potesse famigliare e amico di Dante ».[3] È stata perciò per molto tempo comunemente accettata l'ipotesi (ed è ancor oggi l'opinione corrente) che il Boccaccio abbia avuto notizia di quella corrispondenza eglogistica (e carmi connessi) durante il suo primo soggiorno romagnolo, a Ravenna e Forlì, tra il 1345 e il 1348, nella quale

---

[1] Cfr. G. Billanovich, *Petrarca letterato. I. Lo scrittoio del Petrarca*, Roma, Ediz. Storia e Letteratura, 1947, pp. 118, 123, 157; P. G. Ricci, *Le tre redazioni del « Trattatello in laude di Dante »*, in « Studi sul Boccaccio », VIII, 1974, partic. pp. 197-203. Il cenno in questione è a I 198 ed. Ricci (*Tutte le opere di Giovanni Boccaccio*, a cura di V. Branca, Milano, Mondadori, 1964 ss., vol. III. I testi sono citati da questa edizione).

[2] Cfr. *Trattatello*, I 186; *Esposizioni sopra la Comedìa di Dante*, I 1, 5 ed. Padoan (*Tutte le opere*, VI). Sul soggiorno ravennate di Dante e Piero Giardini: C. Ricci, *L'ultimo rifugio di Dante Alighieri*, a cura di E. Chiarini, Ravenna, Longo, 1965, pp. 223-240 (e i documenti pubblicati dal Ricci nell'Appendice II, pp. 446-448, della prima ediz., Milano, Hoepli, 1891); A. Campana, *Guido Vacchetta e Giovanni Del Virgilio (e Dante)*, in « Rivista di Cultura Classica e Medioevale », VII, 1965 (« Studi in onore di A. Schiaffini »), p. 261; A. Ciotti, *Piero Giardini* (« voce » dell'*Enciclopedia Dantesca*).

[3] Cfr. *Trattatello*, I 180; *Esposizioni*, VIII 1, 13. Su Dino Perini: Ricci, *L'ultimo rifugio*..., pp. 87-89; A. Ciotti, *Dino Perini* (« voce » dell'*Enciclopedia Dantesca*). Compare inoltre in un'egloga boccacciana (dunque cronologicamente assai dopo) sotto lo pseudonimo di Dorilus, amico di Phytias (il Boccaccio stesso), Menghino Mezzani, ricordato da Coluccio Salutati come « familiaris et socius Dantis nostri »: cfr. A. Campana, *Menghino Mezzani* (« voce » dell'*Enciclopedia Dantesca*).

occasione il certaldese avrebbe trascritto di propria mano quei versi, corredati da numerose glosse, nel più famoso dei suoi Zibaldoni, il Laurenziano Plut. XXIX 8, ove compaiono per l'appunto anche alcuni scritti sicuramente riconducibili proprio a quegli anni. È la spiegazione che si presenta come la più razionale, ed è anche la più tranquilla in quanto la scarsa eco che sembra essere rimasta di quei versi e la loro esigua tradizione manoscritta lasciano intendere una circolazione ristretta, e dunque presumibilmente confinata nella regione in cui erano sorti.[4]

E però per spiegare la forma *Spingòs*, che compare nella *Comedìa delle ninfe fiorentine* (XXXVIII 65: « solvitore de' problemati di Spingòs ») composta tra il 1341 e il 1342, immediatamente dopo il ritorno del Boccaccio da Napoli a Firenze, Antonio Enzo Quaglio si è richiamato al v. 9 del carme delvirgiliano dove quel nome appare secondo la terminazione genitivale greca (« ambigue Sphyngos problemata solvet »), e che pertanto sarebbe tradotto imprecisamente dal Boccaccio.[5] È peraltro mia impressione che, anziché un « disgraziato calco », occorra qui pensare che il Boccaccio abbia erroneamente ritenuto che la forma greca – diversamente dalla latina [6] – fosse indeclinabile: come numerosi nomi non latini, sia propri, come Delfòs,[7] sia comuni, come il sostantivo *melos* (ma

---

[4] Cfr. (e però è opinione comune) G. Billanovich, *Giovanni Del Virgilio, Pietro da Moglio, Francesco da Fiano. 3*, in « Italia Medioevale e Umanistica », VI, 1963, p. 244; A. Campana, *Civiltà umanistica faentina*, in AA.VV., *Il Liceo « Torricelli » nel primo centenario della sua fondazione*, Faenza, 1963, p. 300 (ma v. ora *Guido Vacchetta...*, p. 254 n. 9); V. Branca, *Giovanni Boccaccio. Profilo biografico*, Firenze, Sansoni, 1977, p. 74 n. 32.

[5] Cfr. A. E. Quaglio, *Parole del Boccaccio*, in « Lingua Nostra », XXV, 1964, pp. 69-70 (e la nota 53 al cap. 38 della sua ed. della *Comedìa delle ninfe fiorentine*, in *Tutte le opere*, II, p. 957); Campana, *Guido Vacchetta...*, p. 254 n. 9; irrilevante la replica di A. Rossi, *'Dossier' di un'attribuzione. (Dieci anni dopo)*, in « Paragone », N. S., 36, n. 216, 1968, pp. 95-101. Sulla tesi del Rossi (pretende che la corrispondenza eglogistica Dante-Del Virgilio e carmi annessi siano frutto di falsificazione del Boccaccio, necessariamente posteriore al 1350), priva di ogni serio fondamento, v. G. Padoan, *Il pio Enea, l'empio Ulisse. Tradizione classica e intendimento medievale in Dante*, Ravenna, Longo, 1977, pp. 223-251.

[6] La forma latina *Spinx-Spingis* compare al nominativo nello Zibaldone Laurenziano (nella chiosa allegata al verso delvirgiliano) e all'accusativo (*Spingem*) nella *Genealogia deorum gentilium*, II 70 ed. Romano (Bari, Laterza, 1951). Sulla differenza di grafie tra carme e chiosa, che rientra nelle consuetudini del Boccaccio di rispettare con estrema acribia le forme attestate negli antigrafi (le quali spesso hanno una loro storia plurisecolare), cfr. Billanovich, *Giovanni Del Virgilio, Pietro da Moglio, Francesco da Fiano. 3*, p. 233; Padoan, *Il pio Enea, l'empio Ulisse*, pp. 243-244. Indico con i numeri I, II, III, IV i componimenti scambiati tra Giovanni e Dante, e con V l'egloga di Giovanni al Mussato.

[7] Il Boccaccio usa questa forma sia in volgare, dal *Filocolo*, IV 31, 31 ed. Quaglio (in *Tutte le opere*, I) fino alle *Esposizioni*, VIII 1, 29, sia in latino nella *Genealogia deorum*, V 3 (« ... venisse Delphos... Delphos venit... »). Numerose sono le forme analoghe (Lesbòs, Samòs, ecc.).

per il Boccaccio *melòs*), accanto al quale (egloga prima di Dante, v. 21) nello Zibaldone Laurenziano ricorre per l'appunto l'inesatta annotazione: « indeclinabile est ». La confusione che s'aveva allora sulla declinazione e sull'accentazione dei nomi non latini [8] è cosa troppo nota perché mi soffermi ad illustrarla. Questa precisazione sembrerebbe sminuire il valore dell'indicazione del Quaglio. Tuttavia pare che sia proprio quell'espressione delvirgiliana ad essersi fermata nella memoria del Boccaccio; il quale, vario tempo dopo, memore della glossa dello Zibaldone a *Davus* (I 9) che lasciava adito a perplessità (nasce infatti da fraintendimento del testo),[9] a fianco del v. 194 dell'*Andria* terenziana cui aveva alluso il Del Virgilio, annotò: « Edippus rex fuit Thebarum, filius Lay, qui problemata Spingos ob suam industriam solvit: quem Davus dicit se non esse » (ms. Laur. XXXVIII 17, c. 4r).[10] Corrisponde infatti al metodo di lavoro del Boccaccio l'usufruizione, anche a distanza di molti anni, di materiali raccolti in gioventù, in parte con ogni probabilità versati in schede.[11] Questo vale generalmente per tutte le notizie erudite (e basti rinviare a quanto nella *Genealogia deorum* appartiene dichiaratamente all'esperienza del periodo napoletano), e vale anche per queste egloghe e chiose allegate, se iniziando l'epistola a Martino da Signa (1374 circa) introduttoria al proprio *Buccolicum carmen* (« Theocritus syragusanus poeta, ut ab antiquis accepimus, primus fuit qui greco carmine buccolicum excogitavit stilum; verum nil sensit preter quod cortex ipse verborum demonstrat. Post hunc latine scripsit Virgilius, sed sub cortice nonnullos abscondit

---

[8] È d'obbligo il rinvio a E. G. PARODI, *Lingua e letteratura*, a cura di G. Folena, Venezia, Pozza, 1957, pp. 233-234.

[9] Mi riferisco alla chiosa « quidam malus poeta », evidentemente suggerita dalla lezione *movebit*: per cui v. *infra*.

[10] Ha richiamato questa chiosa a proposito del verso delvirgiliano A. ROSSI, *Il carme di Giovanni Del Virgilio a Dante*, in « Studi Danteschi », XL, 1963, p. 165 (ma per il Rossi questa precederebbe cronologicamente quella dello Zibaldone, attribuita al Boccaccio stesso). Sul Terenzio del Boccaccio: H. HAUVETTE, *Notes sur des manuscrits autographes de Boccace à la Bibliothèque Laurentienne*, in « Mélanges d'Archéologie et d'Histoire », XIV, 1894, pp. 95-105 (ora in *Études sur Boccace (1894-1916)*, con prefazione di C. Pellegrini, Torino, Bottega d'Erasmo, 1968, pp. 91-100); O. HECKER, *Boccaccio-Funde*, Braunschweig, Westermann, 1902, pp. 27-28; *Mostra per il 650° anniversario della nascita di Giovanni Boccaccio*, Firenze, Biblioteca Medicea-Laurenziana, 1963, p. 29; G. AUZZAS, *I codici autografi. Elenco e bibliografia*, in « Studi sul Boccaccio », VII, 1973, pp. 9-10; VI CENTENARIO DELLA MORTE DI GIOVANNI BOCCACCIO. *Mostra di manoscritti, documenti e edizioni. Firenze – Biblioteca Medicea-Laurenziana 22 maggio – 31 agosto 1975*, Certaldo, a cura del Comitato Promotore, 1975, I, pp. 145-147.

[11] Per l'abitudine del Boccaccio di servirsi di schede cfr. *Geneal. deor.*, XV 6: « ... nec infinitis ab eo [Leontio Pylato] recitatis [...] suffecisset memoria, ni cedulis commendassem ».

sensus... ») [12] il Boccaccio pare reimpiegare, con gli ampliamenti resisi necessari, la chiosa apposta al v. 6 dell'egloga al Mussato (« Theocritus syragusanus poeta primus sermone greco descripsit buccolicum carmen, quem Virgilius ymitatus est sed latine »); mentre, sempre in quella medesima epistola, quando leggiamo: « Lycidam a ' lyco ' denomino, qui latine ' lupus ' est », viene spontaneo ricordare il nome pastorale attribuito a Lovato nell'egloga al Mussato, appunto Licida, chiosato: « licos enim grece, lupus latine » (*ad* v. 209). Un ulteriore esempio di tardo reimpiego di chiose apposte a questa corrispondenza riguarda il mito di Erigone, poiché a margine dell'egloga al Mussato (*ad* v. 15) si dice: « Erigonen enim Atheniensis virgo versa est in signum celeste, quod adhuc Virgo vocatur »; e nella *Genealogia deorum*, V 42: « dii eam [*scil.* Erigonem] inter sydera transtulerunt, feceruntque ex ea in zodiaco signum illud, quod adhuc Virginem appellamus » (ed avverto appena che nei numerosissimi passi analoghi a questo l'avverbio *adhuc* non ricorre proprio).[13] Accennerò infine, *honoris causa*, all'importante etimologia segnata a margine della prima egloga di Dante (*ad* II 31): « vates dicitur a vi mentis », tanto ferma nella memoria del Boccaccio da ritornare per la difesa della poesia nella sua maggiore opera erudita (*Geneal. deor.*, XIV 8: « alii vi mentis, unde vates dicti, hoc urgente fervore, sua poemata condidere »).

Del resto, tralasciando altri minori riscontri con la *Comedìa delle ninfe* pure addotti dal Quaglio,[14] lo studioso rinvia alla descrizione del-

---

[12] *Opere latine minori*, a cura di A. F. Massèra, Bari, Laterza, 1928, p. 216. La citazione successiva è a p. 218. Sul *Buccolicum* del Boccaccio v. G. Resta, *Codice bucolico boccacciano*, in AA.VV., *I classici nel medioevo e nell'umanesimo*, Genova, Istituto di Filol. classica e medioevale, 1976, pp. 59-90.

[13] Cfr., per citare qualche esempio, *ad Tes.*, V 29, 3 (ed. Limentani, in *Tutte le opere*, II): « ... fattone quel segno che noi chiamiamo Sagittario... »; *ad Tes.*, V 103, 1: « ... divenne quel segno che noi chiamiamo Cancro »; *ad Tes.*, VII 50: « ... nella coda della quale è quella stella che noi chiamiamo Tramontana »; *ad Tes.*, IX 29: « ... quel segno del sole che si chiama Pesce »; *Geneal. deor.*, V 49: « ... ambos in celum transtulit, et circa polum articum locavit. Calisto autem Ursa minor dicta est, ubi maior vocatus est Arcas »; VIII 8: « ... in zodiaco locatus et Sagittarius appellatus »; XI 7: « ... ambo in celum assumpti sunt, et Geminorum fecere signum »; XI 19: « ... eum in celum transtulit, et celeste signum Taurum constituit, et cum eo canem suum, quem Syrum vocabat, apposuit », ecc.; *Esposizioni*, XI 76: « ... quel segno del cielo il quale noi chiamiamo Pesci » (cfr. *ad Tes.*, IX 29); XI 86: « ... nella coda della quale è quella stella la qual noi chiamiamo Tramontana » (cfr. *ad Tes.*, VII 50); ecc. Sarà da attribuire ad un banale *lapsus* lo scambio *Erigone / Elle* nell'epistola *Sacre famis* (per cui v. A. E. Quaglio, *Scienza e mito nel Boccaccio*, Padova, Liviana, 1967, p. 162 n. 59). Per un altro esempio di tardo reimpiego di queste chiose v. qui n. 97.

[14] Meno rilevanti, anche perché si tratta di definizioni topiche, l'accostamento operato dal Quaglio tra l'espressione delvirgiliana « quoque causa soporis / herba papaveris est » (III 54-55) e gli « alti papaveri, utili a' sonni » di *Comedìa ninfe*, XXVI 35

l'« ovis gratissima » a Dante (II 59: « ubera vix que ferre potest, tam lactis abundans ») per alcuni versi del contrasto, a chiari tratti bucolici, tra i pastori Acatèn ed Alcesto (*Comedìa ninfe*, XIV 16-18: « gli uveri di quelle fan sugosi / di tanto latte ch'io non posso avere / vaso sì grande in cui tutto si posi »): [15] ed anzi, mentre il Quaglio vede raffigurato in quel dialogo la vita mondana impersonata da Acatèn e la vita ascetica simboleggiata da Alcesto,[16] Attilio Hortis in questa che egli definì « la prima egloga composta in lingua italiana » ravvisò il contrasto tra l'egloga teocritea, ignara del senso allegorico, e l'egloga virgiliana, che invece si avvale dell'apparenza bucolica per svolgere più alto discorso:[17] e, a dire il vero, anche se non esaurisce tutta la tematica di quel contrasto, l'ipotesi dell'Hortis trova dei punti di forza in vari particolari,[18] tanto più che le chiose apposte alla corrispondenza eglogistica nello Zibaldone Laurenziano sottolineano insistentemente la presenza di allegorie.[19]

Senza voler trarne conclusioni affrettate, va inoltre segnalato come il tema pastorale, che prorompe nella *Comedìa delle ninfe*, affiori nell'opera del Boccaccio già nel *Filocolo*, nella descrizione del pastore Calmeta e

---

(cfr. ed. cit., p. 937 n. 72) e il raffronto di III 85 con *Comedìa ninfe*, XLV 40 (cfr. ed. cit., p. 962 n. 4). Al carme delvirgiliano (I 7), oltre che a *Purg.*, XXXI 140-141, si potrebbero collegare i « palidi visi » degli abitatori delle « sante grotte del cavallo gorgoneo » (XVIII 7).

[15] Cfr. ed. cit., p. 920 n. 5. Più arduo ammettere (il suggerimento è di Giuseppe Velli) derivazioni, indipendenti, dalla medesima fonte (*Georg.*, III 308-317).

[16] Cfr. ed. cit., p. 921 n. 32.

[17] Cfr. A. Hortis, *Studj sulle opere latine del Boccaccio*, Trieste, Libreria Dase, 1879, p. 66.

[18] Ad esempio: il pastore dal nome greco, che si vanta di avere « più magisterio ch'altro nelle sue gregge », al pastore dal nome latino, che guida le proprie pecorelle sugli alti monti, ribatte: « Io servo nelle mie tutta altra norma, / sì come *i pastor siculi...* » dichiarando di preferire le pianure rigogliose; e però sui monti le pecore di Alcesto vivono di cibo buono e d'acqua saporosa, sicure e a lungo, rallegrandosi della zampogna del pastore: il che non è delle altre.

[19] In particolare, nella prima egloga dantesca ai vv. 11-12 (« pascua sunt ignota tibi que Menalus alto / vertice declivi celator solis inumbrat ») *pascua* viene spiegato « idest stilus buccolicus » e *Menalus* « bucolicum carmen, quod hic pro Menalo monte intelligitur, dicitur celator solis, idest veritatis, quia in lictera pastoralia narrat et in allegoria longe illis diversa intelligit », mentre la successiva immagine del « rorans alveolus » (v. 16) starebbe ad indicare lo « stilus humilis » derivato « a bucolico stilo altiore Virgilii ». È comunque ben nota l'importanza che il Boccaccio attribuirà sempre più con gli anni all'allegoria nella poesia bucolica: e proprio nel passo iniziale dell'epistola a Martino da Signa, già menzionato, l'uso dell'allegoria è indicato come la linea discriminante tra lo stile teocriteo e il virgiliano. Cfr. G. Martellotti, *La riscoperta dello stile bucolico*, in AA.VV., *Dante e la cultura veneta.* Atti del Convegno di Studi [...] a cura di V. Branca e G. Padoan, Firenze, Olschki, 1966, pp. 335-346.

soprattutto nell'episodio di Eucomòs:[20] mentre è notevole lo scatto che separa la protasi del *Filostrato*[21] da quella del *Teseida*, che è ormai tutta immersa nella tematica castalia e dominata dall'idea dell'incoronazione poetica.[22] Ancora nel *Teseida* (dove si attribuisce a Minerva l'invenzione della zampogna, XI 61, 1-3 e chiosa, e si descrive in forma di pastore il dio arcadico Pan, XI 66) compare menzionato per la prima volta[23] il monte bucolico per eccellenza, il Menalo (VIII 42, 1; X 87, 5-8 e chiosa), ricordato poi dal Boccaccio per l'appunto solo nei versi pastorali scambiati con Cecco Rossi (I 12) e nel *Buccolicum carmen* (XIII 47 e 95), oltre che, ovviamente, per dovere d'ufficio, nel *De montibus*. In questo contesto può forse allora essere additato nel *Teseida* (accanto al più consueto *attico*: XI 7, 8) l'aggettivo *atteo*, invero non molto comune, che nell'egloga al Mussato, v. 15, compare chiosato interlinearmente (*acthea* « idest atheniensi ») e nel *Teseida* è spiegato con maggior respiro (*attei* « cioè atteniesi, perciò che la contrada nella quale è Attene si chiama Attica »).[24]

---

[20] Cfr., ad esempio, V 8, 5: « essendo allora il sole più caldo che in alcun'altra ora del giorno, avea le sue pecore sotto l'ombra d'uno altissimo faggio raccolte, e, dritto appoggiato ad un mirteo bastone, questa sua nuova sampogna con gran diletto di se medesimo suonava, e niente di meno alla dolcezza di quello le pecore faceano mirabili giuochi ». A proposito del nome Eucomòs e del suo opposto Ircuscomòs (*Filoc.*, IV 31) si avverte che la chiosa *ad* I 13 pare fraintendere *comicomus* come nome proprio (« Vir tediosus fuit... »).

[21] « Alcun di Giove sogliono il favore / ne' lor principii pietosi invocare, / altri d'Apollo chiamano il valore; / io di Parnaso le Muse pregare / solea ne' miei bisogni, ma Amore / novellamente m'ha fatto mutare / il mio costume antico e usitato, / po' fui di te, madonna, innamorato » (II 1 ed. Branca, in *Tutte le opere*, II).

[22] « O sorelle castalie, che nel monte / Elicona contente dimorate, / dintorno al sacro gorgoneo fonte, / sottesso l'ombra delle fronde amate / da Febo, delle quali ancor la fronte / spero d'ornarmi, sol che 'l concediate: / le sante orecchie a' miei prieghi porgete / e quelli udite come voi dovete »; tematica ribadita quindi nella leggermente più tarda chiosa dedicata all'innamoramento di Febo per Dafne (si conclude: « ... essendogli i poeti e gl'imperadori vittoriosi consacrati, volle che per merito delle loro fatiche fossero coronati di queste frondi, *sì come ancora sono*; e però dice che le Muse stanno sotto la loro ombra, perché esse sono cagione degli onori de' poeti »), e nel sonetto finale alle Muse (« ... qual l'acquistaron palidi coloro / a' quai poi deste il grazioso alloro / in sul fonte castalio poetando... »).

[23] Eccezion fatta forse per un sonetto ove è una lunga enumerazione di montagne (*Rime*, LXIII 4: ed. Branca, Padova, Liviana, 1957), e dove perciò il Menalo è solo uno tra i tanti nomi di monti.

[24] Inoltre il nome proprio Alcone (*Tes.*, VI 19, 4: il « sicionio Alcone »), raro, difficilmente deriverà dalle *Metamorfosi* (XIII 683-684), ché lì è un Alcone di Ile autore di una bellissima coppa bronzea istoriata, o dal *Culex* (v. 67), dove è solo un nome senza fisionomia; ma piuttosto dalle *Bucoliche* maroniane (V 11), dove Alcone è il laudabile per eccellenza (la chiosa serviana, riecheggiata in una glossa trascritta dal Boccaccio nella Miscellanea Laurenziana XXXIII 31 per *Culex* 67, dice che fu un ottimo arciere, il quale

Un interessante indizio è poi reperibile nei passi concernenti il mito di Arione. Il Del Virgilio allude a quel mito nel carme a Dante (v. 8: « cythara pandum delphyna movebis »; l'aggettivo è chiosato « recurvum »), e lo ricorda poi direttamente nell'egloga al Mussato (v. 132: « carmine quo querulum portavit Ariona delphin »), dove la chiosa racconta: « Arionem quendam volebant eius sotii, qui secum erant in navi, interficere; qui impetravit ut haberet spatium pulsandi liram; quidam delphin, audiens ipsum, navi se propinquavit, ille proiecit se super eum, et sic evasit auxilio delphini liram dulciter tangendo ». Il Boccaccio ricorda quel fatto mitico poche volte, per incisi di comparazione, e sempre rapidamente: in un sonetto certamente del periodo napoletano: « s'al canto d'Orion venne il dalfino / faccendo sé al suo legno vicino » (*Rime* VII 2-3); nell'ultimo libro del *Filocolo*: « come Orione, cantando sopra il portante dalfino, fuggì il mortale pericolo » (V 8, 25); nella *Comedìa delle ninfe*: « quale ad Orione sopra le piane acque apparve il ricurvo dalfino » (XXXVIII 78). In tutti questi passi è evidente che il Boccaccio non si rifà alla fonte classica autorevole che lo narra diffusamente,[25] cioè ai *Fasti* ovidiani (II 95-116), dove la scena è descritta in modo ben diverso.[26] Per mentalità e per metodo di lavoro sono restio a trarre con-

---

riuscì ad uccidere un serpente salvando il proprio figlio), o, ancor meglio, dall'egloga al Mussato, v. 210, dove a quel nome (ripreso certamente da *Buc.*, V 11, egloga che ha offerto al Del Virgilio anche altri sicuri spunti) è apposta la seguente chiosa: « probus grecus fuit [...] Alcon dicitur, quia viri probissimi nomen habet ». Nel *Teseida* Alcone è appunto tra i più fedeli compagni del re Peleo, « nobilissimi giovani » (*ad Tes.*, VI 19, 4).

[25] Assai brevi sono i cenni ad Arione in altri autori (VIRGILIO, *Buc.*, VIII 56: « ... inter delphinas Arion »; APULEIO, *Metam.*, VI 28: « ... Arionem delphinum gubernasse »; S. AGOSTINO, *De civ. Dei*, I 14: « ... Arionem methymnaeum, nobilissimum citharistam, cum esset deiectus e navi, exceptum delphini dorso et ad terras esse pervectum »). Vi si diffonde invece Aulo Gellio: per cui v. qui n. 28. Per la forma *Orione*, adottata dal Boccaccio, v. qui n. 93.

[26] Arione, che con il suo canto ammansiva le belve, fermava le acque dei fiumi, ecc., stava facendo ritorno per nave in patria con tutto ciò che aveva guadagnato, allorché i marinai, cupidi di impadronirsi dei suoi beni, lo assalirono armati:

> Ille metu pavidus ' Mortem non deprecor ' inquit,
> ' sed liceat sumpta pauca referre lyra '.
> Dant veniam ridentque moram: capit ille coronam,
> quae possit crines, Phoebe, decere tuos;
> induerat Tyrio bis tinctam murice pallam;
> reddidit icta suos pollice chorda sonos,
> flebilibus numeris veluti canentia dura
> traiectus pinna tempora cantat olor.
> Protinus in medias ornatus desilit undas,
> spargitur impulsa caerula puppis aqua;
> inde – fide maius – tergo delphina recurvo

clusioni importanti da accostamenti verbali, i quali lasciano sempre margini al dubbio. Pur senza volerne sminuire il peso – non trascurabile, dal momento che, per quanti testi e chiose io abbia scorso,[27] non mi è accaduto di ritrovare analoghe affinità: del tutto assenti perfino nella notizia che il Boccaccio si ricopiò nello Zibaldone Magliabechiano [28] dal *Compendium* di Paolino Veneto, nonché nel lungo passo di Gellio che Paolino riassume (e dal quale discende, forse mediatamente, la chiosa al *Carmen* delvirgiliano) – mi limiterò a rilevare le analogie tra espressioni usate

---

se memorant oneri subposuisse novo;
ille sedens citharamque tenens pretiumque vehendi
cantat et aequoreas carmine mulcet aquas.

Secondo Ovidio dunque Arione si era già gettato in mare quando intervenne il delfino. Alla narrazione ovidiana il Boccaccio si accosterà poi nell'*Amorosa Visione* (XLII 50; ed. Branca, in *Tutte le opere*, III), se il suo Orione « quando sonò per patto » riprende l'ovidiano « pretium vehendi / cantat », mentre del prezioso lemma « pandus » (per cui cfr. *Georg.*, II 445) si approprierà nel *Buccolicum carmen* (I 89 e VIII 78: ed. Lidonnici, Città di Castello, Lapi, 1914), dove ricorrono altre sicure usufruizioni della corrispondenza dantesca-delvirgiliana (cfr. II 124 e VII 100; VII 73; XV 68; XV 71; ecc.). Ben poco a spartire con il mito di Arione ha il passo della *Genealogia deorum* (VII 10) sull'amicizia che unisce i delfini agli uomini (tra vari esempi « storici » Arione non è neppure rammentato).

[27] Le chiose medievali si rifanno per lo più a Servio (*ad Buc.*, VIII 56), ripreso alla lettera dal *Mitografo Vaticano lat. I* (ed. Mai, Roma, Tip. Vaticana, 1831, p. 36: « Arion lesbius citharedus optimus fuit: qui cum Tarento Corinthum cum multis opibus peteret, et videret sibi in mari tendi insidias a nautis, petit ut paululum cithara caneret; ad cuius sonum cum delphini convenissent, se excussit supra unum, et ita imminens vitavit periculum »), e ad Igino (*Astron.*, XVII: « Alii autem dicunt hunc esse artificio qui Ariona citharoedum ex Siculo mari Taenarum transvexit: qui cum ceteros artificio praestaret, et circum insulas quaestus causa vagaretur, servuli eius arbitrati plus in perfidiosa libertate commodi quam in placida servitute esse, cogitare coeperunt ut, domino in pelago proiecto, bona eius inter se partirentur. Qui cum cogitationem eorum petiit, non ut dominus a servis, et innocens ab improbis, sed ut parens a filiis, ut se liceret ornare qua saepe vicerat veste, quoniam nemo esset alius qui, ut ipse, suum quaestu prosequeretur eventum. Quod cum impetrasset, cithara sumpta, suam coepit deflere mortem: quo sonitu ducti delphines, e toto mari pronatant ad Arionis cantum. Itaque deorum immortalium potestate invocata, super eos se deiecit; quorum unus Ariona exceptum pertulit ad Taenarum litus »). A questi due autori si rifà anche Paolo da Perugia chiosando Persio (ap. F. Ghisalberti, *Paolo da Perugia commentatore di Persio*, in « Rendiconti R. Istituto Lombardo Scienze e Lett. », S. II, LXII, 1929, p. 576).

[28] A f. 226r: « Orion machineus citharista Lesbios atque Iones gravissimis morbis cantus eripuere presidio, de quo ait Agellius [A. Gellio, *Noctes Atticae* XVI 19]. Orion fidicen regis Corinthiorum familiarissimus cum grandi pecunia a Sicilia rediens Corinthios nautas quasi amicitiores elegit. Hij pecunie avidi Orionem in mare prosilire iubent. Ille impetrat ante mortem ornari vestimentis et carmen promere consolabile sui casus. Quo completo se in mare iecit. Delphinus vero mox susceptum ad terram perduxit. Illeque se regi ostendens factum narravit. Rex incredulus venientes nautas de Orione interogat, qui respondent eum in illis partibus cetera et pecunia fortunatum. Fuit tempore Agesilai regis Corinthiorum »; cfr. A. E. Quaglio, *Tra fonti e testo del « Filocolo »*, in « Giorn. Stor. Lett. It. », CXL, 1963, pp. 492-498, dove è anche posto a raffronto il passo di Gellio, che qui mi esimo dal riprodurre per la sua lunghezza.

dal Boccaccio e quelle delle trascrizioni dello Zibaldone (« navi se propinquavit » / « faccendo sé al suo legno vicino »; « portavit... delphin » / « il portante delfino »; « pandum delphyna », chiosato « recurvum » / « il ricurvo dalfino »; « sic evasit » / « fuggì il mortale pericolo »).[29]

Che a Firenze intorno al 1341 potesse esserci copia di quei versi è fatto rilevante, ma tutt'altro che incredibile. A Firenze viveva ancora Jacopo Alighieri, il figlio di Dante rientrato nella città natale fin dal 1325, e che risulta attivo ancora nel 1347.[30] Mi chiedo a chi, se non ai figli stessi del poeta, dobbiamo la messa in circolazione degli incompiuti *Convivio* e *De vulgari eloquentia*, rimasti con ogni verosimiglianza inediti tra le carte dell'Alighieri, e che risultano già noti a Giovanni Villani.[31] E per quel poco che sappiamo della primissima diffusione della *Comedìa*, più probabilmente che il fratello Pietro, sarà stato Jacopo quel « filius ipsius Dantis » che dopo la morte del poeta fece avere al Del Virgilio la seconda egloga paterna, secondo ci informa una preziosissima chiosa apposta ad un verso dell'egloga di Del Virgilio al Mussato, in questo medesimo Zibaldone: « Nam, postquam magister Johannes misit Danti eglogam illam ' Forte sub irriguos ' etc., stetit Dantes per annum ante quam faceret ' Velleribus Colchis ', et mortuus est ante quam eam micteret; et postea filius ipsius Dantis misit illam predicto magistro Johanni ». Certo, è strano che da Firenze non ci giungano echi di quella corrispondenza (ma si tratta di versi quantitativamente esigui, e di materia del tutto particolare): ancor più strano sarebbe se Jacopo non ne avesse conservato presso di sé copia.

Ma neppure a Napoli la conoscenza di quei carmi appare in realtà incredibile. Nella città partenopea gli studi danteschi dovettero fiorire precocissimi se Pietro Piccolo da Monteforte « adhuc puer » (era nato nel 1307) ebbe nozione della poesia in volgare dell'Alighieri, tenuta

---

[29] Mi pare non insignificante il passaggio, che odora di sineddoche, dall'ovidiano « tergo delphina recurvo » (cfr. il dantesco « arco de la schiena », *Inf.*, XXII 20) al delvirgiliano « pandum delphyna » (chiosato « recurvum ») al boccacciano « il ricurvo dalfino ».

[30] Cfr. *Codice diplomatico dantesco*, edito da R. PIATTOLI, Firenze, Libreria Gonnelli, 1950, n[i] 188 e 189; F. MAZZONI, *Jacopo Alighieri* (« voce » dell'*Enciclopedia Dantesca*).

[31] La *Cronica* di Giovanni Villani fu nota al Boccaccio prima della « pubblicazione » (cfr. BRANCA, *Profilo biografico*, p. 59; ID., *Boccaccio medievale*, Firenze, Sansoni, 1975[4], pp. 235-241), il che lascia presumere rapporti almeno con la famiglia. A Firenze inoltre vivevano ancora persone che avevano conosciuto il poeta (si ricordi la « fededegna persona » che parlò al Boccaccio di Beatrice Portinari: *Esposizioni*, II 1, 83) e suoi parenti (il Boccaccio colloquiò, ma in anni più tardi, col nipote di Dante Andrea Poggi: « del quale, essendo io suo dimestico divenuto, io udi' più volte de' costumi e de' modi di Dante »: *Esposizioni*, VIII 1, 3-4).

« apud magistros et studiosos in magno pretio »,[32] e se nei sermoni stesi a Napoli da Agostino d'Ancona (tra il 1322 e il 1328) e da fra Ruggiero di Sicilia (*ante* 1336) ricorrono numerosi gli echi danteschi.[33] E comunque, se la lezione dantesca appare evidente nel Boccaccio fin dalle prime esperienze della *Caccia di Diana*, non è senza significato che l'usufruizione di testi danteschi allora di limitata circolazione (e in qualche caso anche rari) si venga infittendo negli ultimi anni del periodo napoletano: il sonetto dantesco che seguiva l'epistola a Cino compare parafrasato nel penultimo libro del *Filocolo*; [34] l'epistola a Moroello è ben presente nel « dictamen » *Mavortis milex*; una affermazione del rarissimo *De vulgari eloquentia* è recepita nel *Teseida*, che a Napoli fu almeno ideato (anche se la stesura definitiva avvenne probabilmente in Firenze),[35] per ricordare qui solo gli esempi più particolarmente eloquenti. Quando Padova rimase vedova del più geniale allievo di Lovato, e Firenze, priva di Studio, non aveva ancora attuato quel decisivo processo di maturazione degli interessi eruditi, avvenuto significativamente anche proprio grazie al Boccaccio che seppe coagulare i germi petrarcheschi introdotti da Sennuccio Del Bene, la capitale angioina apparve, e sia pure per breve spazio di tempo, come il più rilevante centro culturale d'Italia.[36] Se è ben esatto rilevare

---

[32] Cfr. G. Billanovich, *Pietro Piccolo da Monteforte tra il Petrarca e il Boccaccio*, in AA.VV., *Medioevo e Rinascimento. Studi in onore di Bruno Nardi*, Firenze, Sansoni, 1955, I, pp. 3-76 (e partic. pp. 48-49). Sulla fortuna di Dante a Napoli in quei decenni v. F. Sabatini, *Napoli angioina: Cultura e Società*, Napoli, E.S.I., 1975, partic. pp. 94-95.

[33] Cfr. Sabatini, *Napoli angioina*, pp. 64-65 e 94. Sull'agostiniano Agostino d'Ancona, che dopo aver insegnato a Padova e a Venezia, fu dal 1322 a Napoli cappellano del re v. B. Ministeri, *De Augustini de Ancona O.E. S.Augustini vita et operibus*, in « Analecta Augustiniana », XXII, 1952, pp. 7-56 e 148-262, nonché la « voce », a cura del medesimo Ministeri, del *Dizionario Biografico degli Italiani*; per le riprese dantesche: G. R. Ceriello, *Versi della « Divina Commedia » in uno scrittore trecentista*, in « Rassegna Crit. Lett. It. », XXVI, 1921, pp. 131-142. Il Sabatini ricorda anche che l'Alighieri è altresì menzionato in un passo del *Theleutelogium* (composto a Firenze ma dedicato a Carlo di Calabria; non esiste peraltro prova alcuna che l'autore abbia dimorato a Napoli): cfr. G. Mazzatinti, *Il « Teleutelogio » di Ubaldino di Sebastiano da Gubbio, opera inedita del sec. XIV*, in « Archivio Stor. It. », S. IV, t. VII, 1881, pp. 263-276; N. Zingarelli, *La data del « Teleutelogio »*, in « Studi di letteratura italiana », I, 1889, pp. 180-193.

[34] Sui fitti echi danteschi nel *Filocolo*: A. E. Quaglio, *Tra fonti e testo del « Filocolo »*, in « Giorn. Stor. Lett. It. », CXXXIX, 1962, pp. 513-533. Quanto alla indicazione del Torraca sul possibile riflesso di una espressione dell'epistola a Moroello proprio in un passo del *Filocolo* a questo vicino (IV 7, 2: v. la nota del Quaglio, ed. cit., p. 846 n. 4), il Velli mi segnala che la fonte prima è Ovidio, *Tristia*, I 4, 15-16.

[35] Pienamente fiorentine sono invece le chiose: cfr. Branca, *Boccacco medievale*, pp. 196-197; e v. il mio vol. *Il Boccaccio, le Muse, il Parnaso e l'Arno*, Firenze, Olschki, 1978, pp. 20-21.

[36] Sulla cultura della Napoli angioina in relazione a questi problemi v. il quadro d'insieme disegnato dal Sabatini, *Napoli angioina*, partic. parte II, e la bibliografia ivi cit.

l'insita debolezza di quel centro culturale, troppo esclusivisticamente legato alla Corte e determinato dalla presenza di personalità immigrate, soprattutto dall'Italia centro-settentrionale, e rivendicare al Petrarca il merito di aver impresso risolutamente un nuovo corso, più decisamente umanistico, alla cultura napoletana,[37] ciò non toglie che tra il 1325 e il 1340 sul piano della storia dell'arte figurativa come di quella degli studi eruditi Napoli fu di fatto punto di incrocio forse il più importante d'Italia, sì da essere, o sembrare, vivace focolaio di studi che solo dopo il Petrarca poterono apparire « attardati ». Napoli allora era ricca di numerosi intellettuali provenienti da ogni parte d'Italia, e di una folta colonia toscana. Per quel che ci riguarda, a Napoli in quegli anni si registrano presenze ben significative: nel 1330-32 vi insegna diritto il vecchio amico di Dante, Cino da Pistoia (divenuto nel 1324 cittadino di Firenze: e qui non gli sarà mancata occasione di incontrarvi Jacopo Alighieri; e così a Napoli avrà pur lasciato amicizie e ricordo di sé); [38] dal 1334 vi è, esule dalla sua Bologna, il commentatore della prima cantica Graziolo Bambaglioli: [39] in grazia della posizione pubblica che questi aveva occupata nella sua città (già notaio e ufficiale del Comune, membro del Consiglio degli Anziani e dal 1321 cancelliere), appaiono nella luce non dell'assurdo presumibili suoi contatti col maestro che tanto era stato vicino all'ammirato Alighieri e che aveva insegnato nello Studio bolognese dal 1321 al 1323 (avanzando, tra l'altro, forti lamentele per il ritardato pagamento dello stipendio per l'ultimo anno, liquidatogli solo nel 1325).[40] E a Napoli, certamente prima dell'anno 1332, vi era, con i dotti Giovanni Barrili e Barbato da Sulmona, quel Paolo da Perugia [41] che è presentato

---

[37] Cfr. SABATINI, *Napoli angioina*, p. 80.

[38] Su Cino v. V. BRANCA - P. G. RICCI, *Notizie e documenti per la biografia del Boccaccio. 4. L'incontro napoletano con Cino da Pistoia*, in « Studi sul Boccaccio », V, 1969, pp. 1-18; M. MARTI, *Cino da Pistoia*, « voce » dell'*Enciclopedia Dantesca*, e bibliogr. ivi cit.

[39] Su Graziolo v. F. MAZZONI, *Graziolo Bambaglioli*, « voce » dell'*Enciclopedia Dantesca*; A. VALLONE, *Graziolo Bambaglioli*, « voce » del *Dizionario Biografico degli Italiani*.

[40] I documenti bolognesi concernenti Giovanni sono in G. ALBINI, *Le Egloghe* [di Dante], Firenze, Sansoni, 1905, pp. 29-30, e v. anche G. LIVI, *Dante e Bologna*, Bologna, Zanichelli, 1921, pp. 103-105; e, in generale, G. MARTELLOTTI, *Giovanni Del Virgilio* (« voce » dell'*Enciclopedia Dantesca*). La verità è che di ciò che avvenne in quegli anni sappiamo poco, troppo poco. Quando leggo in un'altra preziosa chiosa all'egloga al Mussato, sempre nello Zibaldone Laurenziano: « Iste magister Johannes de Virgilio poeta fuit qui, morte preventus, coronari non potuit », ciò sta a significare almeno che il Del Virgilio – autore anche di un poema narrativo (dove sono avvertibili lontani echi danteschi): v. il frammento trascritto nello Zibaldone e edito da Wicksteed e Gardner – aveva espresso quella speranza, o tentato un qualche contatto (o altri l'aveva fatto per lui) per ottenere quell'ambito onore: ovviamente non presso lo Studio bolognese, dopo il suo allontanamento; non presso il padovano, dopo l'esilio del Mussato.

[41] Non so dire se allora era già operante quel « magister » Angelo da Ravello ricordato dal Boccaccio nell'epistola a Pietro Piccolo come ottimo e venerabile uomo e amico

dal Boccaccio come « gravissimus vir » « multarum rerum notitia doctus » (« et si usquam curiosissimus fuit homo in perquirendis, iussu etiam sui principis, peregrinis undecunque libris, hystoriis et poeticis operibus, iste fuit »: *Geneal. deor.*, XV 6): la cui erudizione tuttavia è ancora oggi valutata al di sotto del suo reale valore, laddove la personalità e la cultura di Paolo si rivelano, sempre più, anello importante (fors'anche per Cino, che a Perugia insegnava prima di venire a Napoli). Paolo fu unito al Boccaccio da viva stima ed amicizia, gli passò idee e libri. Quando più tardi, dopo il rientro del Boccaccio a Firenze, commentò Persio (non a caso l'opera di quel poeta latino compare tra le trascrizioni del Boccaccio nella Miscellanea Laurenziana XXXIII 31, un codice per vari aspetti collegato allo Zibaldone Laurenziano), il perugino si avvalse nelle sue chiose delle *Allegorie* ovidiane di Giovanni Del Virgilio; [42] mentre in un codice napoletano trecentesco (Biblioteca Nazionale di Napoli, segnato V.F. 21) alla *Expositio* ovidiana di Giovanni segue, e l'accoppiamento ha pure un suo significato, la *Glosa super Poetria Oratii edita per Paulum de Perusio.*[43] Infine a Napoli nel 1338 arrivava, alfiere di quel Petrarca che nel 1320 aveva con ogni probabilità ascoltato a Bologna le lezioni di Del Virgilio e che conobbe per tempo l'opera del Mussato, Dionigi da Borgo S. Sepolcro, il più caldo fautore di quella incoronazione poetica che venne ad oscurare la fama della precedente cerimonia patavina. Dionigi, insigne studioso di teologia ma anche appassionato cultore di studi letterari, contava a Firenze sulla stretta e fedele amicizia di Giovanni Villani,[44] legato alla dinastia angioina; mentre Boccaccio poteva forse già avvalersi della condiscendenza di Sennuccio Del Bene.[45]

Non è dunque lecito negare a priori la possibilità che a Firenze come a Napoli la corrispondenza poetica di Dante e di Giovanni Del Virgilio fosse reperibile.

* * *

---

comune (ma è esaltato con devozione ancora dal Quatraro: cfr. F. Torraca, *Giovanni Quatraro da Sulmona e il suo recente biografo*, in « Rass. Crit. Lett. It. », XVII, 1912, pp. 96-97).

[42] Cfr. Ghisalberti, *Paolo da Perugia commentatore di Persio*, p. 577.

[43] Cfr. F. Ghisalberti, *Giovanni Del Virgilio espositore delle « Metamorfosi »*, in « Giornale Dantesco », XXXIV, N. S. IV, 1931, p. 40; P. O. Kristeller, *Iter Italicum*, Londra-Leida, Brill, 1965, I, p. 401.

[44] Su Dionigi v. G. Di Stefano, *Dionigi da Borgo S. Sepolcro amico del Petrarca e maestro del Boccaccio*, in « Atti Accad. Scienze Torino », Classe Sc. mor., XCVI, P. II, 1961-62, pp. 272-314 e bibliogr. ivi cit.

[45] Cfr. Billanovich, *Lo scrittoio del Petrarca*, pp. 81-83; Branca, *Boccaccio medievale*, pp. 247-248.

Interroghiamo allora lo Zibaldone Laurenziano: un manoscritto famoso [46] e, specie per la parte che più ci interessa, studiatissimo, ma che riserva ancora sorprese. Lo Zibaldone si distingue, come è noto, in tre grandi parti. La prima, composta da ventiquattro fogli palinsesti (tre quaterni ottenuti piegando in due dodici fogli di un grande codice liturgico in beneventana – sicuramente un corale – opportunamente raschiati, modernamente numerati 2-25), contiene il *Tractatus spere materialis* e il *Tractatus teorice planetarum*, questo incompleto, di Andalò del Negro, che al Boccaccio fu maestro di scienza: [47] in un recente forte contributo il Di Benedetto ha convincentemente proposto l'autografia boccacciana di questa parte,[48] risalente agli anni del magistero di Andalò (che morì prima del giugno 1334), tesi che anche a me pare del tutto persuasiva. La seconda, formata da venti fogli (due quaterni e un binione: dieci grandi fogli piegati a metà, non palinsesti, di origine diversa dai precedenti, numerati modernamente 26-45), comprende il *Liber de dictis philosophorum*, [49] l'*Antiquarum hystoriarum libellus*,[50] la *Sybillinorum verborum*

[46] Cfr. HAUVETTE, *Notes sur des manuscrits*..., pp. 101-133; HECKER, *Boccaccio-Funde*, pp. 36-37 (propone, tra l'altro, l'identificazione dello Zibaldone in un codice della libreria di S. Spirito: cfr. A. MAZZA, *L'inventario della « parva libraria » di Santo Spirito e la biblioteca del Boccaccio*, in « Italia Medioevale e Umanistica », IX, 1966, p. 32); *Lo Zibaldone boccaccesco Mediceo-Laurenziano Plut. XXIX 8* riprodotto in fac-simile con prefazione di G. BIAGI [in realtà E. ROSTAGNO: cfr. F. DI BENEDETTO, cit. *infra*, p. 91 n. 2], Firenze, Olschki, 1915, pp. 43-44; *Mostra per il 650° anniversario della nascita di G. Boccaccio*, pp. 10-11; B. DEGENHART - A. SCHMITT, *Corpus des Italien. Zeichnungen*, Monaco, Mann, 1968, *passim* (per la mania dei disegnini nel Boccaccio copista); AUZZAS, *I codici autografi*..., pp. 6-8; *Mostra di manoscritti, documenti e edizioni*, I, pp. 117-122.

[47] Su Andalò v. C. DE SIMONI, *Intorno alla vita ed ai lavori di Andalò di Negro*..., in « Bull. Bibliografia e Storia Sc. matem. fis. », VII, 1874. Il *Tractatus spere materialis* è edito, su trascrizione di G. Boffito, in E. VAJNA DE PAVA, *Di un codice della collezione del comm. Leo Olschki contenente la « Sfera » del Dati e altre opere italiane dei secoli XIV e XV e di un codice Laurenziano contenente la « Sfera » di Andalò di Negro*, in « Bibliofilia », VIII, 1906-07, pp. 72-85 e 164-168.

[48] Cfr. F. DI BENEDETTO, *Considerazioni sullo Zibaldone laurenziano del Boccaccio e restauro testuale della prima redazione del « Faunus »*, in « Italia Medioevale e Umanistica », XIV, 1971, pp. 91-129; v. anche A. DE LA MARE, *The Handwriting of Italian Humanists*, Oxford, University Press, 1973, p. 25. Già il Quaglio (che, scrivendo alcuni anni prima dell'articolo del Di Benedetto, non pensò alla possibile autografia di questa sezione) però osservava che lo Zibaldone doveva essere « probabilmente formato già in terra campana » (*Scienza e mito nel Boccaccio*, p. 44; e v. ivi anche la nota): che è proprio quello che qui verrò verificando.

[49] È opera di un anonimo meridionale del sec. XIII, edita dal Franceschini: *Il « Liber philosophorum moralium antiquorum »*, in « Atti R. Istituto Veneto Sc. Lett. Arti », XCI, 1932, pp. 393-597. Cfr. E. FRANCESCHINI, *Il « Liber philosophorum moralium antiquorum »*, in « Memorie R. Accademia Naz. Lincei », Classe Sc. mor. stor. filol., S. VI, III, 1930, pp. 355-399; G. BILLANOVICH, *La tradizione del « Liber de dictis philosophorum antiquorum » e la cultura di Dante, del Petrarca e del Boccaccio*, in « Studi Petrarcheschi », I, 1948, pp. 111-123.

[50] È la *Cronica de origine civitatis*, che conobbe una certa fortuna in Firenze: cfr.

interpretatio,[51] l'*Epistula Alexandri ad Aristotilem*.[52] La scrittura di questa seconda sezione è alquanto diversa: e però il Di Benedetto, con argomenti degni di riflessione, ha avanzato la suggestiva ipotesi che si tratti di trascrizioni boccacciane di vario tempo prima: testi insomma copiati dal Boccaccio ancora a Firenze prima della venuta a Napoli (cioè prima del 1327).[53] Ai fini del mio discorso non importa tanto affermare l'autografia boccacciana anche di questa sezione, quanto constatare che, come la prima, anche questa presenta testi di interesse scolastico (e, se è di mano del Boccaccio, occorrerà pensare a quando, ragazzino, frequentò la scuola di Giovanni Mazzuoli da Strada; se di altra mano, a testi scolastici cedutigli da un amico). Certamente di mano boccacciana sono invece i tre alfabeti e l'epitaffio greco che si trovano sul verso dell'ultima carta: che il Boccaccio avrà inseriti vari anni dopo.[54]

Su queste due prime parti urgono alcune considerazioni. Anzitutto l'incompletezza del secondo trattato di Andalò: non mi persuade l'ipotesi che l'omissione della parte finale (circa due altri quaterni) sia dovuta alla decisione del Boccaccio di interrompere quel lavoro di copia, se nella *Genealogia* e nelle *Esposizioni* sono utilizzati passi proprio della parte mancante,[55] e se sul margine inferiore del verso del foglio conclusivo (25v) compare la parola di richiamo del fascicolo successivo: il che, anche se non è di per sé prova decisiva, è però forte indizio per la continuazione della trascrizione; la cui parte finale dunque sarà andata perduta posteriormente alla morte del Boccaccio.[56] La posizione delle due sezioni è in ogni caso rovesciata: sia che l'ipotesi dell'autografia boccac-

---

H. Baron, *The crisis of the early Italian Renaissance*, Princeton - N. J., University Press, 1955, pp. 419-421 e 462; Di Benedetto, *Considerazioni sullo Zibaldone...*, p. 98 n. 3.

[51] Opera dubbiosamente attribuita a Beda (PL XC 1181-86): cfr. Di Benedetto, *Considerazioni sullo Zibaldone...*, p. 98 n. 3.

[52] Testo, ovviamente apocrifo, che conobbe larga fortuna (edito, col titolo *De situ et mirabilibus Indie*, in Julius Valerius, *Res gestae Alexandri*, Lipsia, Teubner, 1888): cfr. D. J. A. Ross, *A check-list of mss. of three Alexander texts: the Julius Valerius «Epitome», the «Epistula ad Aristotilem» and the «Collatio cum Didimo»*, in «Scriptorium», X, 1956, pp. 127-132.

[53] Cfr. Di Benedetto, *Considerazioni sullo Zibaldone...*, partic. pp. 110-111.

[54] Cfr. C. C. Coulter, *Boccaccio and the Cassinese manuscript of the Laurentian Library*, in «Classical Philology», XLIII, 1948, p. 229; Di Benedetto, *Considerazioni sullo Zibaldone...*, p. 104 n. 3.

[55] Cfr. Quaglio, *Scienza e mito nel Boccaccio*, pp. 92 n. 26 e 96 n. 37; Di Benedetto, *Considerazioni sullo Zibaldone...*, p. 97 n. 1.

[56] Il Di Benedetto, che ha potuto esaminare il codice durante la slegatura per la recentissima risistemazione esterna, indica che anche le segnature apposte sui fascicoli nel sec. XV denunciano la caduta almeno di un fascicolo: *Mostra di manoscritti, documenti e edizioni*, p. 118.

ciana anche della seconda parte colga nel vero (ché in tal caso questa – anche se, come ha osservato il Di Benedetto, è contenutisticamente più affine alla terza – è cronologicamente anteriore alla prima), sia nel caso contrario (si inserisce in mezzo a due sezioni trascritte entrambe dal Boccaccio su materiale pergamenaceo di identica origine).

Ma veniamo alla terza parte, quella che più ci preme. Questa si differenzia notevolmente dalle precedenti presentandosi come vero e proprio zibaldone di scritti di varia origine:[57] una copia di servizio, con continue oscillazioni tra scritture fitte ed ampi spazi bianchi, nella quale il certaldese venne ricopiando alla buona, talvolta forse in vista di una successiva migliore ritrascrizione, ma già con un certo ordine e secondo un generico desiderio di struttura organica. Diversamente dalle altre sezioni, questa terza dello Zibaldone Laurenziano non è nata tutta insieme ma si è venuta ingrossando col tempo, per nuove aggiunte di fogli: tutti peraltro originari dal medesimo corale in beneventana, palinsesti. Una parte di questi (ora ff. 46-59) era stata in precedenza destinata a trascrizioni, pare, di schede o comunque di citazioni divise per materia; e pertanto recava sui margini superiori dei titoli che il Boccaccio provvide poi man mano a cancellare; anzi sul retto di un foglio (l'attuale 56, ma allora

---

[57] Cfr. HAUVETTE, *Notes sur des manuscrits...*, pp. 104-105; BIAGI [in realtà ROSTAGNO], *Lo Zibaldone boccaccesco...*, pp. 2-3. Non fu il solo Zibaldone del Boccaccio: la Miscellanea Laurenziana XXXIII 31 – un codice in cui le trascrizioni ambiscono ad una certa eleganza – si collega per vari aspetti a questo, presentando addirittura fogli pergamenacei di identica provenienza (cfr. DI BENEDETTO, *Considerazioni sullo Zibaldone...*, pp. 93-97; va verificata e, nel caso, sottolineata con risolutezza l'importante dichiarazione che la Miscellanea è « silloge giovanile », *ibid.*, p. 105, come si desume anche dalla grafia: cfr. B. M. DA RIF, *La Miscellanea Laurenziana XXXIII 31*, in « Studi sul Boccaccio », VII, 1973, pp. 80-81); inoltre non si ritrova nello Zibaldone Laurenziano (a meno che non fosse in fogli andati perduti) né nello Zibaldone Magliabechiano l'epistola dantesca a Moroello, che il Boccaccio certamente conobbe; ed occorre dunque postulare almeno un altro codice di servizio. Sulla Miscellanea Laurenziana: HAUVETTE, *Notes sur des manuscrits...*, pp. 134-138; *Mostra di codici romanzi...*, p. 44; *Mostra per il 650° anniversario...*, p. 28; AUZZAS, *I codici autografi...*, pp. 13-14; DA RIF, *La Miscellanea Laurenziana XXXIII 31*, pp. 59-124; *Mostra di manoscritti, documenti e edizioni*, pp. 122-124. Sullo Zibaldone Magliabechiano: S. CIAMPI, *Monumenti di un manoscritto autografo di G. Boccaccio*, Milano, Molina, 1830, pp. 16-31; F. MACRÌ-LEONE, *Il Zibaldone boccaccesco della Magliabechiana*, in « Giorn. Stor. Lett. It. », X, 1887, pp. 1-41; G. VANDELLI, *Lo Zibaldone Magliabechiano è veramente autografo del Boccaccio*, in « Studi di Filol. It. », I, 1927, pp. 69-86; *Mostra di codici romanzi...*, pp. 137-138; *Mostra per il 650° anniversario...*, pp. 12-13; V. BRANCA, *Una carta dispersa dello Zibaldone Magliabechiano. Una familiare petrarchesca autografa del Boccaccio*, in « Studi sul Boccaccio », II, 1964, pp. 5-14; AUZZAS, *I codici autografi...*, pp. 13-14; A. M. COSTANTINI, *Studi sullo Zibaldone Magliabechiano*, in « Studi sul Boccaccio », VII, 1973, pp. 21-58 (*I. Descrizione e analisi*), VIII, 1974, pp. 79-126 (*II. Il florilegio senechiano*), X, 1978, pp. 255-275 (*III. La polemica con fra Paolino da Venezia*); *Mostra di manoscritti, documenti e edizioni*, pp. 124-126.

evidentemente il primo) la trascrizione era già stata iniziata giungendo fino al quarto rigo della seconda colonna.[58]

Tentiamo la ricostruzione della genesi di questa parte dello Zibaldone servendoci dell'esame dei fascicoli e delle scritture. Il fascicolo iniziale era un quaterno (quattro beneventani piegati a metà, ora numerati 46-53): il Boccaccio trascrisse, con un Proemio, l'inizio del *Liber Sacrificiorum*, qui attribuito a Ivo vescovo di Chartres [59] (f. 46ra-rb); la trascrizione rimase però interrotta alla fine del retto del foglio, per motivi imprecisati, e poi il copista rinunciò a continuare in quell'impresa, orientandosi verso altre scelte culturali. Dopo un breve intervallo di tempo, vi copiò l'egloga di Giovanni Del Virgilio al Mussato (ff. 46v-50r).[60] Mentre il verso del f. 50 rimase provvisoriamente in bianco, nei due fogli successivi trovarono posto tre epistole in cui il Boccaccio poneva a frutto l'esercizio dettatorio che l'aveva impegnato in quegli anni (la *Crepor celsitudinis*, la *Nereus amphytritibus*, la *Mavortis milex*: 51ra-52rb).[61] Iniziò quindi la trascrizione (sempre su due colonne), dopo alcuni versi qui attribuiti (dubitativamente) a S. Tommaso (f. 52rb-va), di un passo del *Contra Jovinianum de non ducenda uxore* di S. Girolamo [62] (f. 52va-vb) e di un brano delle *Dissuasiones Valerii ad Rufinum*

[58] Cfr. HECKER, *Boccaccio-Funde*, p. 37; DI BENEDETTO, *Considerazioni sullo Zibaldone...*, p. 94.

[59] Il Di Benedetto (*Considerazioni sullo Zibaldone...*, p. 92 n. 1) ha chiarito trattarsi del prologo di Innocenzo III al *De sacro altaris mysterio* (PL CCXVII 773-774), cui segue un « accessus », e che i versi successivi sono tratti dal *De mysterio Missae* di Ildeberto di Lavardin (PL CLXXI 1177-179), spesso attribuiti appunto a Ivo di Chartres col titolo di *Liber sacrificiorum*.

[60] Edita, con le chiose, da PH. H. WICKSTEED - E. G. GARDNER, *Dante and Giovanni Del Virgilio*, Westminster, Constable, 1902 (da integrare con E. G. PARODI, *Un'edizione inglese delle poesie latine di Dante e di Giovanni del Virgilio*, in « Giornale Dantesco », X, 1902, pp. 51-63); G. ALBINI, *L'egloga di Giovanni del Virgilio ad Albertino Mussato*, in « Atti e Mem. R. Deputaz. Storia Patria Prov. Romagna », S. III, XXIII, 1905, pp. 246-283; G. LIDONNICI, *L'epitaffio dantesco di Giovanni del Virgilio e l'Egloga al Mussato*, in « Giornale Dantesco », XXVIII, 1925, pp. 324-335; ora ristampata (negligentemente e senza le chiose) in E. BOLISANI - M. VALGIMIGLI, *La corrispondenza poetica tra Dante e Giovanni del Virgilio*, Firenze, Olschki, 1963. V. altresì del LIDONNICI, *La corrispondenza poetica di Giovanni del Virgilio con Dante e il Mussato, e le postille di Giovanni Boccaccio*, in « Giornale Dantesco », XXI, 1913, pp. 205-243.

[61] Edite ultimamente in *Opere latine minori*, pp. 109-110, 115-117 e (per la *Mavortis milex*) in *Opere in versi. Corbaccio. Trattatello in laude di Dante. Prose latine. Epistole*, a cura di P. G. Ricci, Milano-Napoli, Ricciardi, 1965, pp. 1064-73. Insiste sul loro esclusivo carattere di esercitazioni retoriche G. BILLANOVICH, *Restauri boccacceschi*, Roma, Ediz. Storia e Letteratura, 1947, pp. 49-78.

[62] Questo frammento del *De nuptiis* attribuito a Teofrasto, tradotto in latino da S. Girolamo ed inserito nell'*Adversus Jovinianum*, I 47 (PL XXIII 289-291) fu assai noto nel Medioevo: cfr. P. DELHAYE, *Le dossier anti-matrimonial de l'« Adversus Jovinianum » et son influence sur quelques écrits latins du XIIe siècle*, in « Mediaeval Stu-

di Walter Map [63] (f. 53ra-vb): per completare il quale fu costretto ad aggiungere un binione (un beneventano piegato a metà, ora ff. 54 e 61, e due mezzi saldati insieme, ora ff. 55+60), in cui copiò, con la rimanente parte delle *Dissuasiones* (f. 54 ra-rb), la prima *Catilinaria* di Cicerone (ff. 54rb-55vb); il f. 60ra-va è occupato dall'*Elegia di Costanza*, unitamente ad alcuni versi goliardici contro le donne, sul vino ecc. (ma a rigore non si può escludere, trattandosi di un foglio originariamente sciolto, che questa trascrizione sia anteriore, di poco, alla sua immissione nello Zibaldone). Quando poco dopo sul f. 61r intraprese a trascrivere la sua *Allegoria mitologica* [64] dovette allegare altri due mezzi fogli saldati insieme (ora numerati ff. 62+63): nei quali completò l'*Allegoria* (f. 62r). Immediatamente a ridosso di questa copiò poi una epistola di Federico II « Clericis Romane Ecclesie » e le epistole dantesche ai Cardinali e a Cino (ff. 62r-63r). Inserì nel largo margine inferiore di f. 63r anche l'epistola all'amico fiorentino: [65] scrittura ed inchiostro indicano contemporaneità di trascrizione con le precedenti epistole: tuttavia il fatto che la scrittura si fa via via più fitta e lo spazio tra le righe più avaro, proprio come è per una giunta costretta entro termini ben delimitati, fa pensare che essa sia stata copiata quando il verso del f. 63 non era più disponibile, mentre d'altra parte il Boccaccio la volle collocata accanto alle epistole del medesimo autore.

Approntò poi un altro quaterno (quattro beneventani piegati a metà, ora numerati 64-71); e mise a frutto anche il verso dell'ultimo foglio della sezione precedente, che era rimasto bianco, garantendo così la continuità tra le due parti. Vi trovarono posto, oltre alla satira *Vehementi nimium*

---

dies », XIII, 1951, pp. 65-86; CH. B. SCHMITT, *Theofrastus in Middle Ages*, in « Viator », II, 1971, pp. 251-270. Il Boccaccio riecheggiò più volte quel frammento, ed infine lo tradusse letteralmente nelle *Esposizioni*, XVI 28-44: vedi ivi la mia nota.

[63] Edita, come epistola di S. Girolamo, in PL XXX 262-269; circolava spesso accoppiata appunto al frammento del *De nuptiis*: cfr. SCHMITT, *Theofrastus in Middle Ages*, p. 264.

[64] L'*Elegia di Costanza*, modellata sull'epitaffio di Omonea, è edita ed analizzata da V. BRANCA, *Tradizione delle opere di Giovanni Boccaccio. I. Un primo elenco di codici e tre studi*, Roma, Ediz. Storia e Letteratura, 1958, pp. 201-229; cfr. G. VELLI, *Sull'« Elegia di Costanza »*, in « Studi sul Boccaccio », IV, 1967, pp. 241-254. Per i primi quattro dei successivi versi goliardici vedi *Anthologia latina*, ed. Riese, Lipsia, Teubner, 1906, n° 268. L'*Allegoria mitologica* è edita ultimamente in *Opere latine minori*, pp. 231-237; cfr. QUAGLIO, *Scienza e mito nel Boccaccio*, pp. 168-175; G. VELLI, *Cultura e « imitatio » nel primo Boccaccio*, in « Annali Scuola Normale Sup. Pisa », S. II, XXXVII, 1968, pp. 65-94.

[65] Per il destinatario di questa epistola vedi M. BARBI, *Problemi di critica dantesca. Seconda Serie*, Firenze, Sansoni, 1964, pp. 305-328; R. PIATTOLI, *Codice diplomatico dantesco. Aggiunte*, in « Archivio Storico It. », CXXVII, 1969, pp. 75-108.

(ora attribuita dubitosamente a Pier delle Vigne),[66] un'altra sua epistola, che ubbidisce ai medesimi motivi retorici delle precedenti, la *Sacre famis*[67] (f. 65r-v), e la parte iniziale di una redazione latina del *Fuerre de Gadres* (cioè della seconda parte del *Roman d'Alexandre*: f. 66r-v).[68] Non l'assillavano al momento problemi di spazio: il verso del f. 66 è bianco per quasi tre quarti, larghissimo margine è nel retto del foglio successivo dove si legge il famoso frammento dell'epistola di Ilaro[69] (f. 67r); ma per concludere la successiva trascrizione della corrispondenza eglogistica dantesca,[70] condotta con criteri di una certa eleganza e senza economia di spazi, fu costretto poi ad aggiungere due altri mezzi fogli saldati insieme (numerati ora 72-73), che riempì per metà (dunque dal f. 67r al f. 72v).

Se l'incognita da dimostrare è la data di trascrizione delle egloghe (e del frammento dell'epistola di Ilaro, che vi è evidentemente collegata, non solo per vicinanza topografica ma perché investe la medesima questione dell'uso del volgare da parte dell'Alighieri), tutti gli scritti del Boccaccio sin qui presenti nello Zibaldone si collocano attorno al 1339: l'epistola *Crepor celsitudinis* è datata aprile 1339, ed anche le altre tre epistole boccacciane sono sicuramente di quel medesimo torno di tempo; altrettanto certamente al periodo napoletano appartengono l'*Elegia di Costanza* e l'*Allegoria mitologica*. Al riguardo non pongono problemi le

---

[66] Edita da L. CASTETS, *Prose latine attribuée à Pierre de la Vigne*, in «Revue des Langues Romanes», XXXII, 1888, pp. 438-439; cfr. A. MONTEVERDI, *Pier della Vigna nella «Imago mundi» di Iacopo d'Acqui*, in «Studi Medievali», N.S., IV, 1931, p. 276.

[67] Edita ultimamente in *Opere latine minori*, pp. 118-124; cfr. qui n. 61.

[68] Cfr. P. MEYER, *Étude sur les manuscrits du Roman d'Alexandre*, in «Romania», XI, 1882, pp. 327-332; il frammento è stato quindi edito più correttamente da E. C. ARMSTRONG-A. FOULET, *The medieval French «Roman d'Alexandre»*, IV, Princeton-N. J., University Press, 1942, pp. 17-21; e vedi V. LICITRA, *La razzia di Gadres in una redazione latina inedita*, in «Studi Medievali», S. III, I, 1960, pp. 153-176.

[69] Edita ultimamente da G. BILLANOVICH, *La leggenda dantesca del Boccaccio. Dalla lettera di Ilaro al Trattatello in laude di Dante*, in «Studi Danteschi», XXXVIII, 1949, pp. 141-144; cfr. G. PADOAN, *Ilaro* («voce» dell'*Enciclopedia Dantesca*); ID., *Appunti sulla genesi e la pubblicazione della «Divina Commedia»*, in «Lettere Italiane», XXIX, 1977, pp. 401-415.

[70] Edite, con le chiose, da Wicksteed e Gardner (e vedi PARODI, *Un'edizione inglese...*); cfr. anche – tralasciando precedenti edizioni: a cura del Dionisi (1788), del Fraticelli (1835), dell'Orelli (1839), dello Scolari (1845), del Giuliani (1882) - F. PASQUALIGO, *Egloghe di Giovanni del Virgilio e di Dante annotate da anonimo contemporaneo*, Lonigo, Tip. Gasparri, 1887; e (senza le chiose) *Dantis eclogae, Joannis de Virgilio carmen et ecloga responsiva*. Testo, commento, versione a cura di G. Albini, Firenze, Sansoni, 1903 (nuova ed. a cura di G. B. Pighi: *La corrispondenza poetica di Dante e Giovanni del Virgilio*, Bologna, Istituto di Filologia Classica, 1965); oltre, naturalmente, alle edizioni di tutte le opere dell'Alighieri. Vedi qui n. 60; e G. LIDONNICI, *Dante e Giovanni del Virgilio*, in «Giornale Dantesco», XXIX, 1926, pp. 141-158.

trascrizioni di testi moralistici (suggeriti, se non dallo stesso Paolo da Perugia, chierico, dalla vicinanza dell'agostiniano Dionigi da Borgo S. Sepolcro); mentre forse potrebbe far meraviglia la conoscenza così precoce della prima *Catilinaria*: ma se non vale più di tanto l'osservare che il nucleo più cospicuo degli intellettuali della Corte angioina è di uomini formatisi negli studi di diritto, per i quali l'esempio dell'oratoria ciceroniana doveva pur proporsi in modo particolare, si potrà ricordare almeno che Paolo da Perugia pare abbia nutrito vivo interesse per quell'autore latino, di cui fu probabilmente uno dei primi a conoscere l'intero corpo delle *Verrine*,[71] e che pochi anni dopo Barbato donò al Petrarca un piccolo codicetto di scritti ciceroniani.[72] E comunque ha un suo significato che l'ammirazione del Boccaccio per il grande oratore trovi calda espressione nel *Filocolo* (II 15, 9, dove è esaltata la « dolcissima eloquenza dell'antico Cicerone ») e nella *Comedìa delle ninfe* (XXXVI 28-29: si fa onorevole menzione dei « detti ornati, nitidi e puliti / di Cicerone »); per cedere poi il passo, pur senza affievolirsi, all'ammirazione per il filosofo morale.[73] È anche degno di riflessione (specie alla luce di quel che si è osservato a proposito delle due prime sezioni di questo Zibaldone) che i testi qui menzionati tendano ad inserirsi direttamente nella formazione di giovane letterato e nell'apprendistato retorico del Boccaccio: poiché sono testi, in misura diversa, formativi a livello scolastico, tentativi letterari e culturali, esperienze di dettato epistolografico (cui si ricollegano le trascrizioni di epistole di dettatori autorevoli, quali Dante e Pier delle Vigne: ché del segretario sarà l'epistola imperiale; e non nascondo che l'abbinamento dell'epistola federiciana « Clericis Romane Ecclesie » alla dantesca « Cardinalibus ytalicis » mi pare fortemente significativo, soprattutto perché la contiguità, non occasionale, potrebbe rinviare ad una comune derivazione).[74]

Questi testi, pur nella loro diversità, si propongono dunque tutti in una luce comune, genericamente scolastica: che è anche quella, come vedremo, delle egloghe. A nessuno peraltro già sfugge che la continuità

---

[71] Cfr. TORRACA, *G. Boccaccio a Napoli*, p. 236.

[72] Cfr. G. BILLANOVICH, *Nella biblioteca del Petrarca*, in « Italia Medioevale e Umanistica », III, 1960, p. 34 (quel « parvus Ciceronis liber » avrebbe contenuto il *De finibus* e il primo libro degli *Academica*).

[73] Cfr. A. HORTIS, *M. T. Cicerone nelle opere del Petrarca e del Boccaccio*, Trieste, 1878; G. BILLANOVICH, *Petrarca e Cicerone*, in AA.VV., *Miscellanea Mercati*, IV, Città del Vaticano, 1946, pp. 103-106; ID., *Lo scrittoio del Petrarca, passim*; BRANCA, nota ad *Amorosa Visione*, IV 78; PADOAN, nota ad *Esposizioni*, IV 1, 328.

[74] Forse Dionigi, che era legato all'ambiente cardinalizio (specie a Napoleone Orsini e Giovanni Colonna: cfr. BILLANOVICH, *Lo scrittoio del Petrarca*, p. 62).

delle trascrizioni e la contemporaneità delle scritture sono elementi quanto mai cogenti nel collocare anche le copiature delle egloghe nel periodo napoletano. Ché questo preme soprattutto rilevare: tutte queste trascrizioni formano un gruppo compatto che si situa in un medesimo periodo, segnato da una sostanziale identità grafica (al di là di piccole varietà che convivono contemporaneamente nel Boccaccio, come ben sanno gli studiosi delle sue grafie). Evidentissima appare la diversità grafica – la ha sottolineata il Ricci,[75] e me l'ha autorevolmente confermata Casamassima – dell'epistola a Zanobi,[76] scritta a Forlì nel 1348, e dunque versata sul retro del f. 50, che era rimasto bianco, in un momento posteriore, in quanto lo scrittore volle congiungerla alle altre sue epistole che sono nei fogli immediatamente successivi, a somiglianza di quel che aveva fatto per l'epistola dantesca all'amico fiorentino.

In questa genesi dello Zibaldone Laurenziano sono intervenuti alcuni elementi di complicazione, che hanno finora impedito di veder chiaro in questo problema. Dello Zibaldone fanno ora parte alcune altre carte: anzitutto i due fogli 73 (ora saldato al precedente) e 74, dove il Boccaccio, forse a contatto con gli ammiratori toscani del Petrarca e probabilmente anche in relazione agli incontri che nell'inverno 1341-42 ebbe col Barrili,[77] volle segnare la sua appassionata clientela petrarchesca nel « notamentum » [78] della laureazione del 1341 (f. 73ra) e nella trascrizione (f. 73ra-vb) dell'epistola metrica I 14, cui poco dopo allegò altre epistole metriche petrarchesche (I 4, spedita a Dionigi da Borgo S. Sepolcro nel 1339, o poco prima; I 13; I 12: ff. 73vb-74vb). In un successivo bifolio

[75] « Di quasi un decennio posteriori sono due composizioni trascritte anch'esse nello *Zibaldone* laurenziano accanto alle altre che già abbiamo esaminato [cioè le epistole napoletane]: la lettera *Quam pium* a Zanobi da Strada, e la prima redazione dell'ecloga *Faunus*. Poiché non sappiamo quando siano state trascritte nello *Zibaldone* né le prime epistole né le nuove composizioni, non possiamo dire quanto tempo esattamente sia trascorso tra le due copie; ma un intervallo notabile è certo che passò: assai diverso il colore dell'inchiostro, più franco e disinvolto il *ductus*, assai mutata la forma di certe lettere. Insomma siamo in una nuova fase della grafia del Boccaccio. Rispetto ai caratteri che abbiamo notato come tipici della fase precedente, le differenze più spiccate riguardano il carattere generale della scrittura » (segue elencando ed analizzando le differenze: in V. Branca-P. G. Ricci, *Un autografo del Decameron* (*codice Hamilton 90*), Padova, Cedam, 1962, pp. 55-56).

[76] Edita ultimamente dal Ricci, *Opere in versi. Corbaccio ecc.*, pp. 1078-83.

[77] Cfr. Branca, *Profilo biografico*, p. 64.

[78] Cfr. E. H. Wilkins, *Boccaccio's early tributes to Petrarch*, in « Speculum », XXXVIII, 1963, pp. 79-87; C. Godi, *La « Collatio laureationis » del Petrarca*, in « Italia Medioevale e Umanistica », XIII, 1970, pp. 1-27. Il Boccaccio non era più a Napoli quando fu celebrato il « conventus » petrarchesco (cfr. Branca, *Profilo biografico*, p. 51); se si accetta invece l'ipotesi del Billanovich (*Lo scrittoio del Petrarca*, pp. 70-73) che sia rimasto a Napoli fino al giugno 1341, sarà qui che quei testi furono versati nello Zibaldone: cfr. Di Benedetto, *Considerazioni sullo Zibaldone...*, p. 100.

(ff. 75-76) e in un'altra carta (f. 77, ora unito alla carta di guardia) sono le trascrizioni del frammento del poema narrativo di Giovanni Del Virgilio [79] (si noti che gli ultimi due versi sono aggiunti verticalmente sul margine: f. 75r), di un componimento metrico di ispirazione ovidiana sulle quattro stagioni [80] (75va-vb) e due brevi corrispondenze poetiche delvirgiliane [81] (75vb-76ra); infine, preceduta dall'epistola Varia 49 (f. 76rb), è, incompleta,[82] l'egloga *Argus* (ff. 76v-77r), che il Petrarca aveva composta per la morte di re Roberto, avvenuta nel 1343.[83] Queste trascrizioni risalgono con ogni probabilità al soggiorno romagnolo. Di quel medesimo periodo è un fascicoletto di quattro fogli (due beneventani piegati a metà, ora numerati 56-59): poiché nel primo di questi fogli, come si è detto, c'era un inizio di trascrizione, un progetto cui forse il Boccaccio non aveva inteso rinunciare, venuta poi meno la disponibilità di materiale scrittorio, il retto dell'attuale f. 56 fu accuratamente eraso (e così i titoli sui margini superiori) e sul fascicoletto riguadagnato il certaldese vi poté copiare – esperienze suggerite proprio anche dalla *Argus* petrarchesca – la propria corrispondenza in versi con Cecco di Meletto Rossi [84] (f. 56ra-vb) e l'egloga *Faunus* [85] (ff. 56v-59r); ed utilizzò

---

[79] Questo frammento e gli altri versi delvirgiliani sono stati editi da Wicksteed e Gardner e ristampati da Bolisani e Valgimigli; cfr. G. LIDONNICI, *Il Diaffonus ed altri frammenti poetici di Giovanni del Virgilio*, in « Giornale Dantesco », XXVIII, 1925, pp. 266-273.

[80] Hanno diverso ordinamento dei versi editi in A. RIESE, *Anthologia Latina*, Lipsia, Teubner, 1906, I 2^2, n^i 567-578 (il testo autentico compare nella Miscellanea Laurenziana XXXIII 31, ff. 29r-30r); cfr. CAMPANA, *Guido Vacchetta...*, p. 253.

[81] Con un anonimo e con Guido Vacchetta. Questi carmi minori saranno stati forniti al Boccaccio da Piero Giardini (cfr. qui n. 2) che appare in documenti come procuratore « domine Zohanne filie quondam magistri Guidonis Aldovrandini notarii et uxoris quondam magistri Guidonis Vachite physici » (cioè del Vacchetta corrispondente di Giovanni): v. CAMPANA, *Guido Vacchetta...*, dove sono anche ristampati questi versi, in migliore edizione.

[82] Per motivo ignoto: cfr. DI BENEDETTO, *Considerazioni sullo Zibaldone...*, p. 98 n. 4.

[83] Due altre schede vennero allora versate altrove: i versi di Lovato, cui fa riferimento l'egloga al Mussato, furono trascritti nella Miscellanea Laurenziana, f. 46r (cfr. DA RIF, *La Miscellanea Laurenziana XXXIII 31*, pp. 81-82); l'epitaffio per Dante di Giovanni Del Virgilio trovò utilizzazione nel *Trattatello.*

[84] Editi ultimamente in *Opere latine minori*, pp. 89-95 e 291-292. Cfr. A. F. MASSÈRA, *Il preteso epicedio bucolico dantesco di un letterato forlivese*, in « Felix Ravenna », IX, 1913, pp. 366-374; BILLANOVICH, *Lo scrittoio del Petrarca*, pp. 87-88; G. MARTELLOTTI, *Dalla tenzone al carme bucolico: Giovanni Del Virgilio, Dante, Boccaccio*, in « Italia Medioevale e Umanistica », VII, 1964, pp. 325-336. Sulla corrispondenza epistolare di Cecco col Petrarca cfr. R. WEISS, *Il primo secolo dell'Umanesimo. Studi e testi*, Roma, Ediz. Storia e Letteratura, 1949, p. 89 n. 23.

[85] In prima redazione: edita criticamente dal DI BENEDETTO, *Considerazioni sullo Zibaldone...*, pp. 111-129 (la redazione definitiva è nell'ed. Ricci, *Opere in versi. Corbaccio ecc.*, pp. 662-671). Cfr. MARTELLOTTI, *Dalla tenzone al carme bucolico*, pp. 334-336; ID., *La riscoperta dello stile bucolico*, pp. 342-346.

infine il verso dell'ultimo di questi fogli (59va-vb) per una breve notizia biografica e l'epitaffio di Tito Livio [86] e per alcuni pochi versi.[87]

Non si tratta – per quel che è dato di capire – semplicemente di un secondo tempo nella formazione di questo Zibaldone. La spiegazione chiara e risolutiva è offerta dalla constatazione che i fascicoli che attualmente compongono questo codice rimasero a lungo tra loro slegati: a riprova stanno la perdita dell'ultima parte dell'opera di Andalò, la posizione invertita delle due prime sezioni e le parole di richiamo vergate da mano cinquecentesca sui margini inferiori dei ff. 45v, 53v, 63v, 71v. Sull'angolo inferiore destro di f. 72r compare poi la parola « ultjmo », che altro non può significare che « ultimo foglio ». Sarà un caso che il blocco che nello Zibaldone Laurenziano ho qui indicato come omogeneo (e garantito dalla continuità di trascrizione) si conclude proprio col f. 72? Ora vediamo che le tre sezioni di cui si compone lo Zibaldone furono riunite insieme ben dopo il Boccaccio: l'acribia del Di Benedetto ci ha rivelato le segnature quattrocentesche (oggi leggibili solo in parte) apposte ai vari fascicoli: *A* (a f. 2r), *b* (a f. 10r), *c* (a f. 18r), per la prima sezione (il fascicolo *d* essendo andato perduto); *f* (a f. 34r; *e* e *g* ora illeggibili a f. 26r e a f. 42r ?), per la seconda; *h* (a c. 46r), all'inizio della terza: per la quale non si ritenne necessario procedere nelle segnature, forse per la compattezza della sezione, più probabilmente perché si pensò di poterne fare un volume autonomo. Invece i ff. ora 73-77 erano in un altro cospicuo gruppo di fascicoli boccacciani sciolti, riuniti insieme non senza qualche confusione: infatti quei fogli, segnati *l* e *m*, erano preceduti dagli attuali ff. 50-73 della Miscellanea Laurenziana, numerati (partendo proprio da *h*) *h, i, k* da quella medesima mano quattrocentesca, e seguiti dagli attuali ff. 1-45 della Miscellanea, contrassegnati *n, o, p, q, r* (i successivi ff. 46-49 sono siglati *c, a, p, ut*, da mano cinquecentesca, che riconobbe che questi andavano ricondotti alla parte allora iniziale). Il fascicolo *m* comprendeva, con i ff. 75-77 dello Zibaldone, i ff. 1-5 della Miscellanea, la segnatura *n* comparendo a f. 6r.

Zibaldone e Miscellanea assunsero la loro attuale fisionomia solo con

---

[86] La breve notizia liviana (edita in *Opere latine minori*, p. 369) fu successivamente rielaborata dal Boccaccio per il suo cenno biografico dello storico patavino. L'epitaffio è trascritto, con alcune varianti, anche nello Zibaldone Magliabechiano, f. 49r.

[87] Sono i *Versus Tarenti per Tullium, ut dicitur, editi* (in *Poetae Latini Minores*, ed. Baehrens, V, Lipsia, Teubner, 1883, p. 405, n° LXXXVII); un Argomento della *Tebaide* di Stazio; alcuni pochi versi, di vario argomento (alcuni – « In cratere meo... » – in *Carminia burana*, 173a: Amsterdam, Rodopi, 1966, I, p. 233).

una successiva risistemazione, che tentò di dare ordine logico alla stravolta Miscellanea, invertendone quella collocazione dei fascicoli ed aggiudicando allo Zibaldone i ff. 73-77 (e credo fors'anche i ff. 56-59); ma creando con questa aggiunta nuova confusione nello Zibaldone, la quale rimase a lungo, come avvertono le parole (di mano più tarda) poste in calce al f. 73v, dopo il richiamo al fascicolo successivo: « require post has duas paginas » (vale a dire che tra il titolo della metrica I 4 che si legge alla fine di f. 73vb e l'epistola stessa, al f. ora 74ra-rb, erano inserite due altre pagine). Ancora il Bandini denunciava: « postrema tria folia male compacta sunt a bibliopego ».[88] Chi riordinò infine lo Zibaldone, nel cercare quale potesse essere il giusto posto dei fogli ora 56-59, i quali non presentano agganci precisi con altre trascrizioni, si avvide, per le rasure presenti nel margine superiore, che essi appartenevano al gruppo di fogli dello Zibaldone ora numerati 46-55: dopo i quali, giusto al centro di un fascicolo, poterono allora trovar sistemazione senza disturbare la continuità di alcun testo. L'inserto tuttavia spicca per la propria autonoma individualità, distaccandosi chiaramente dalle trascrizioni dei fogli precedenti e seguenti sia per le caratteristiche grafiche sia per gli ampi margini lasciati in bianco.[89]

* * *

Le chiose apposte all'egloga al Mussato e alla corrispondenza Dante-Del Virgilio sono trascritte di mano del Boccaccio, ma non gli appartengono, come del resto è per le chiose al *Culex*, alle *Dirae* e a Persio nella Miscellanea Laurenziana XXXIII 31. Assolutamente diverse per struttura, impostazione, interessi sono le chiose proprie del Boccaccio, come si può constatare per il cronologicamente vicino *Teseida*. Per l'esclusione della paternità boccacciana perentori sono, con il gruppetto di errori

---

[88] A. M. BANDINI, *Catalogus codicum Latinorum Bibliothecae Mediceae Laurentianae*, Firenze, 1775, II, p. 28. Il Di Benedetto mi ha cortesemente segnalato che egli ritiene che l'intruso fosse il foglio di guardia posto attualmente dopo il f. 77; concorda con me nel ritenere frutto di errata collocazione l'attuale posizione dei ff. 56-59 (cfr. la sua scheda nel Catalogo della Mostra).

[89] Per codici mantenuti slegati in fascicoli dal Boccaccio (anche per la maggior praticità per eventuali trascrizioni) v. quanto osservo in proposito nel vol. *Il Boccaccio, le Muse...*, pp. 257-259.

meccanici di trascrizione,[90] i veri e propri fraintendimenti di lettura:[91] mentre l'analisi interna denuncia la totale assenza di quei rinvii interni (ad esempio: « Di sopra è detto... », ecc.) che costituiscono una delle tendenze più singolari e più personali delle chiose al *Teseida*, che non abbandonerà mai il Boccaccio, neppure nell'opera estrema. Né rientrano nelle consuetudini del Boccaccio chiosatore del *Teseida* glosse grammaticali,[92] qui frequentissime; ed anche nel caso, rarissimo, in cui è toccato quel tasto, esso è presentato in modo ben diverso: si veda, ad esempio, nella seconda egloga dantesca (IV 53) la glossa secca e non del tutto chiarificatrice « patronomicum » allegata a *Pactolida* (una forma questa che il Boccaccio, anche dove riprende di peso proprio quel verso, *Bucc.*, XV 68, non farà mai sua); ed invece il Boccaccio, *ad Tes.*, VI 38, 3: « Atlanciade è patronimico di Mercurio, perciò che Mercurio fu figliuolo di Giove e d'una figliuola di Atlante ».

---

[90] Cfr. *ad* V 52 (*memphiticis*: « civitas in qua prius facte sunt carte ». È caduto « quia Memphis fuit », all'inizio, o formula simile; per l'aggettivo « memphiticus » cfr. *Ars amandi* I 77); *ad* I 30 (« ... occidens per columpnas herculis septemtrio per histrum qui fluvius est per faros egiptus [*sic*] per rengnum elisse meridien [*sic*] »: manca *oriens*); *ad* III 44 (« sententias... »: ma *susurri* è nominativo); ecc. Altri esempi sono segnalati da E. Cecchini, *Giovanni Del Virgilio, Dante, Boccaccio. Appunti su un'attribuzione controversa*, in « Italia Medioevale e Umanistica », XIV, 1971, p. 20 n. 1 (il Cecchini dubita pertanto della paternità boccacciana delle chiose; per cui v. anche Campana, *Guido Vacchetta...*, p. 264 n. 33).

[91] Cfr. *ad* II 48 (« idest paradiso », anziché « in paradiso »); *ad* III 22 (« aliter te », anziché « scilicet te »): di entrambi questi casi si dirà più innanzi; *ad* V 104 (« idest in contrada romandiole seu bononiensi [*ma leggi*: *Bononie*] que secundum quosdam in romandiola est »); ecc. A proposito dell'ultima chiosa qui citata – per cui cfr. *Purg.*, XIV 92: « tra 'l Po e 'l monte e la marina e 'l Reno », a fronte di una situazione di travaglio politico che poneva in discussione la definizione dei contorni geo-politici della Romagna: v. E. Chiarini, *Ravenna* (« voce » dell'*Enciclopedia Dantesca*) – va osservato che precisazioni del genere furono particolarmente care al Del Virgilio (v., ad esempio, nelle *Allegorie* ovidiane, ap. Ghisalberti, p. 47: « ... pars illa Lombardie Liguria est appellata; sed citra Placentiam usque ad Ymolam dicta est Emilia »).

[92] Oltre che a spiegare i miti e le usanze antiche, le chiose al *Teseida* intendono rendere più perspicuo il senso esplicitando lemmi ritenuti non comuni (come *agone* « battaglia »: *ad Tes.*, II 11, 6) o imprecisi per ragioni di verso (come *invaso* « assalito »: *ad Tes.*, II 12, I), o sono apposizioni chiarificatrici di nomi propri (« re », « isola », ecc.). Nell'autografo del *Buccolicum carmen* le pochissime chiose sono dedicate ai nomi greci (uniche eccezioni: *ad* XV 183 *letum* « pinguem »; *ad* XV 186 *educet* « nutriat »); *ad* XVI 107 al nome *Egon* è attribuita l'apposizione « papa »; inoltre i vocativi – secondo un uso alquanto diffuso – sono denunciati da una piccola *o* sovrascritta. L'unica chiosa grammaticale del Boccaccio a me nota è *ad* XII 97 (*saphu* « genitivus grecus »). In *Bucc.*, XII 141 ricorre il lemma *soccos* (non chiosato: ma invero l'opera non si può dire propriamente provveduta di chiose, stante la rarità delle glosse); il medesimo lemma è qui spiegato: « genus calceamenti sunt » (meno elementare la chiosa di Pietro Piccolo a Valerio Massimo, III VI 1, ap. Billanovich, *Pietro Piccolo...*, p. 254, lemma *crepida*: « genus est calceamenti, que nunc cippelli dicuntur, licet Hugutio aliter exponat »).

È scontato che di qui la negazione della paternità boccacciana di queste chiose si allarghi investendole generalmente tutte (di qualche possibile eccezione si dirà più innanzi), in quanto con ogni evidenza esse appaiono uscite da una medesima matrice. Che il Boccaccio non sia l'autore di queste chiose si avverte ancor più immediatamente nelle glosse dedicate ai miti, che non solo nel Boccaccio si presentano ben più diffuse e circostanziate, ma ubbidiscono a ragioni culturali diverse. Se per quel che riguarda la già menzionata chiosa al mito di Arione si può rilevare che il Boccaccio almeno fino all'*Amorosa Visione* usa sempre la forma *Orione* (secondo una confusione che ha storia plurisecolare),[93] e che in tutti i passi boccacciani ove è riferimento a quel mito compare sempre *il* delfino, non *un* delfino (nella chiosa: « quidam delphin »), per la chiosa della Sfinge (« Spinx fuit quoddam monstrum quod morabatur in quodam passu. Transeuntibus quibuslibet faciebat problema, et qui non solvebat interficiebatur, et si qui solvebat tunc illud moriebatur. Et dum Edipus illac transiret, fecit ei problema quoddam, quod cum ille solvisset, interfectum est ab eo ») va sottolineato come questo mito, pur in sé tanto affascinante, interessò scarsamente la fantasia boccacciana. Nel *Teseida*, che pur vede tra i protagonisti i figli stessi di Edipo, Eteocle e Polinice, non ricorre la minima allusione ad esso: neppure nella diffusissima chiosa dedicata proprio alla storia di Edipo, mentre invece sono insistentemente ricordati l'assassinio involontario del padre, il tragico incesto, la cecità.[94] Menzione della Sfinge è dunque, oltre a quella fret-

---

[93] Cfr. A. E. Quaglio, *Parole del Boccaccio*, in « Lingua Nostra », XIX, 1958, pp. 109-110 e XX, 1959, pp. 39-40; Id., *Tra fonti e testo del « Filocolo »*, in « Giorn. Stor. Lett. It. », CXL, 1963, pp. 492-498; Id., *Scienza e mito nel Boccaccio*, p. 20 n. 12; Billanovich, *Giovanni Del Virgilio, Pietro da Moglio, Francesco da Fiano. 3*, p. 233; Padoan, *Il pio Enea, l'empio Ulisse*, p. 245 n. 64. Utili notizie sulla diffusione dell'anomalia in Rossi, *'Dossier' di un'attribuzione*, pp. 89-95; G. Velli, *Note di cultura boccacciana. I. Arione/Orione*, in « Italia Medioevale e Umanistica », XVI, 1973, pp. 327-329.

[94] *Ad Tes.*, V 13, 2: « Edippo fu figliuolo di Laio, re di Tebe, e di Iocasta; la quale essendo gravida, trovò Laio che colui che nascerebbe il dovea uccidere, per che comandò che o figliuolo maschio o femina che Iocasta facesse, fosse morto. Nacque Edippo, il quale, secondo il comandamento di Laio, fu dato a due sergenti che l'uccidessero; costoro, mossi a compassione del fanciullo, non l'uccisero, ma, foratili i piedi, l'appiccarono ad uno albero e rapportarono che morto l'aveano. Uno pastore del re Polibo, ch'avea nome Forba, il trovò, e, spiccatolo, il portò al signore suo, il quale, non avendo figliuolo, il nutricò come figliuolo e nominollo Edippo. Costui cresciuto e udendo che figliuolo non era di Polibo, volle sapere chi fosse il padre; e andando in sul monte Parnaso per domandarne nel tempio d'Apollo, iddio della indivinazione, entrò in una città chiamata Focis; nella quale cominciatasi una briga e Laio framettendosi di spartirla, Edippo l'uccise, non conoscendolo; e poi prese Iocasta, sua madre, per moglie, e ebbeno due figliuoli, Etiocle e Pollinice, e due figliuole, Antigona e Ismene. Poi, riconosciuto la madre il figliuolo e il figliuolo la madre, ebbe Edippo tanto dolore di ciò che avvenuto era, che

tolosa frase della *Comedìa delle ninfe* (XXXVIII 65: le « dolorose ruine de' figliuoli del solvitore de' problemati di Spingòs ») e nella citata chiosa all'*Andria* (« ... qui problemata Spingos ob suam industriam solvit... »), solo nella tarda *Genealogia deorum* (II 70), dove tuttavia quel fatto è ricordato, anche lì, in via assolutamente incidentale (« Tandem [...], Thebas petens, Spingem invenit, quam, solutis problematibus, cum occidisset, Thebas intravit »). L'analisi attenta della chiosa apposta nello Zibaldone ci rende certi che essa è trascritta ma non composta dal Boccaccio (il quale, oltretutto, suole nelle narrazioni dei miti soffermarsi più diffusamente): non tanto perché non è boccacciano l'uso ripetuto ed insistente dell'indeterminato « quidam » ma altresì perché nei passi in cui il Boccaccio menziona la Sfinge egli parla sempre di « problemata » al plurale (come nel carme delvirgiliano), e non di un problema, come vuole la chiosa, in ciò meglio informata.[95] Del tutto estranea all'interesse e alla cultura boccacciani rimane anche la chiosa al v. 96 dell'egloga al Mussato: « Paris troyanus, phylocaptus Oenone, faciebat cantilenas et scribebat in corticibus arborum; et Apollo etiam, cum, privatus divinitate, custodiebat armenta Ameti regis Tesalie ». Che Paride ed Apollo incidessero parole d'amore sulle cortecce degli alberi (al particolare allude il corrispondente verso delvirgiliano)[96] è notizia che non compare proprio mai in tutta l'opera del Boccaccio, benché Oenone abbandonata da Paride ed Apollo al servizio del re Ameto siano ripetutamente ricordati proprio nelle opere giovanili (e

---

si cacciò gli occhi e misesi a stare in una caverna: e questa fu la "lunga notte", cioè la cechità. Quivi essendo pessimamente trattato da' figliuoli, cominciò a pregare Tesifone, che è l'una delle tre Furie infernali, che tra loro mettesse scandalo e briga, e così fu fatto; e come ella entrata nel petto de' due fratelli vi mise briga, così entrata nel petto di Palemone vi generò la discordia che seguita, che fu tra lui e Arcita ». Cfr. anche *Teseida*, IV 16, 2 (e chiosa); V 58, 7-8 (e chiosa); X 97, 4-7 (e chiosa).

[95] Questa chiosa è in qualche rapporto – accanto a notevoli diversità ricorrono alcune non casuali analogie – con uno scolio all'*Ibis* (cfr. gli *Scolia in P. Ovidii Nasonis Ibin*, a cura di A. La Penna, Firenze, La Nuova Italia, 1959, pp. 86-87; Rossi, *'Dossier di un'attribuzione*, p. 100): «quoddam monstrum apud Thebas erat et transeuntibus hoc problema proponebat et non solventes suam questionem interficiebat. Hoc tandem problema proposuit Edipo, s. quid est quod est prius quadrupes, postea bipes, <ad ultimum tripes>; quod cum diceret esse hominem, dolens Sphinx precipitavit se a saxo et sic mortuus est, vel, ut quidam volunt, interfectus est ab Edipo ». Quell'operetta ovidiana – scarsamente conosciuta, ma nota a Lovato e a Geremia da Montagnone (cfr. Guido Billanovich, « *Veterum vestigia vatum* » *nei carmi dei preumanisti padovani,* in « Italia Medioevale e Umanistica », I, 1958, pp. 159-160 e 177) – è trascritta dal Boccaccio nella Miscellanea Laurenziana XXXIII 31, ff. 46v-49r: ma senza chiose.

[96] Per Paride cfr. Ovidio, *Heroides*, V 21-22.

poi, s'intende, nella *Genealogia*).[97] Al contrario, miti cari al Boccaccio, narrati con ampiezza di particolari nelle chiose al *Teseida*, qui sono passati quasi sotto silenzio: l'esempio più macroscopico è dato dalla lunga chiosa[98] che il Boccaccio riserva ad Orfeo ed Erudice (così egli scrive nelle opere giovanili, fino all'*Amorosa Visione*) a fronte della lapidaria esplicazione che è al v. 131 dell'egloga al Mussato: (*coniuge*) « scilicet Eurudice ». Ma si veda anche la chiosa in cui il Boccaccio narra

---

[97] Per Oenone nelle opere boccacciane del periodo napoletano l'accento batte esclusivamente sull'abbandono della donna da parte di Paride, mentre nelle tarde opere erudite si menziona il fatto che ella diede all'eroe due figli: cfr. *Filocolo*, III 18, 23 (« Oenone fu abandonata da Paris per la più bella donna del mondo »); *L'Elegia di madonna Fiammetta* (ed. Pernicone, Bari, Laterza, 1939), pp. 109 (« ... Oenone sopra gli alti monti d'Ida aspettante, veggendo la greca donna col suo amante venire... »), 125 (« Paris si partì di Oenone delle selve d'Ida [...] né però Isifile o Oenone o Adriana si uccisero, ma posponendo li vani pensieri, misero in oblio li falsi amanti »), e v. anche pp. 120 e 164; *Geneal. deor.*, VI 22 (« ... Oenonis nymphe Yde contubernio usus, duos ex ea suscepit filios... »); *Esposizioni*, V 1, 126 (« ...usò la dimestichezza d'una ninfa del luogo, chiamata Oenone, e di lei ebbe due figliuoli »). Per Apollo cfr. *Fiammetta*, p. 21 (« ...rinchiusa la sua gran luce sotto la vile forma d'un picciolo pastore, innamorato guardò gli armenti d'Ameto »); *Teseida*, IV 46, 1-4 (« Sì come te alcuna volta Amore / costrinse il chiaro cielo abbandonare / e lungo Anfrisio, in forma di pastore, / del grande Ameto agli armenti guardare ») e chiosa relativa (« Fu Febo innamorato d'una figliuola d'Ameto, re di Tessaglia, la quale non potendo altrimenti avere, si transformò in pastore, e posesi col detto re, e stette con lui guardandogli il bestiame suo, in così fatta forma, sette anni »), VI 55, 6-7 (« ... Febo, che l'armento / di lui ne' verdi boschi pasturava...) e chiosa relativa (riassume la precedente), e v. anche X 25, 1-2; *Rime*, LXXXII 1 (« Dietro al pastor d'Ameto... »); radicalmente diversa la versione proposta nella *Genealogia* (V 3: « ... aliquandiu privatum divinitate armenta Admeti regis Thesalie pavisse [...] nata fabula est quod ob occisos Cyclopes divinitate privatus Admeti paverit armenta [...] Vocatus et insuper Nonius, quod latine pastor sonat, inde sumptum quod pastor fingatur Admeti; et ideo tanquam pastori buccolicum illi carmen consecratum est, quia pastorale carmen est »; dove però, come mi fa osservare Giuseppe Velli, alla fonte primaria, Igino, XLIX, si coniugano tracce della glossa all'egloga al Mussato: cfr. qui n. 13).

[98] *Ad Tes.*, VIII 103, 5: « Orfeo fu di Trazia, e fu uno de' migliori sonatori del mondo; e avea per moglie una bellissima giovane chiamata Erudice. La quale, andando un dì per uno prato cogliendo fiori, fu morsa da una serpe nel calcagno, e morissi. Di questo si dolfe lungamente Orfeo, e molti prieghi ne porse agl'iddii del cielo per riaverla; da' quali veggendo che ascoltato non era, prese la cetera sua e andossene alla porta de l'inferno, e quivi cominciò sì dolcemente a sonare, che tutti gli ufficiali d'inferno lasciarono stare di fare gli uffici loro e cominciarono ad ascoltare il suono d'Orfeo, sì che tutte l'anime stavano per questa cagione in pace. Di che maravigliandosi Plutone, mandò a sapere quello che Orfeo adimandava, e udito che egli rivoleva la moglie, acciò che li suoi ufficiali facessero li loro ufici, comandò che gli fosse renduta, ma con questa legge, che egli non la dovesse riguardare infino a tanto che egli non fosse con essa sopra la terra tornato, e se la guatasse, la perdesse da capo e più non la dovesse radomandare. Per che Orfeo, presala per mano e menandonela appresso di sé, essendo già presso all'uscire fuori della terra, non potendosi più tenere, si volse indietro e guatolla, e subitamente la perdé ». La forma *Eurudice*, che è nella chiosa dello Zibaldone, è attestata in scolii medievali (v., ad esempio, gli *Scolia in [...] Ibin*, ed. cit., p. 134); mentre il Boccaccio usa appunto *Erudice*: cfr. anche *Comedìa ninfe*, II 4; *Amorosa Visione*, XXIII 11 e 23; solo nelle sue opere tarde compare *Euridice* (cfr. *Geneal. deor.*, V 12; *Esposizioni*, IV 1, 318-321).

l'invenzione della zampogna da parte di Minerva (*ad Tes.*, XI 61), fatto del tutto taciuto nelle glosse alle egloghe; l'assenza, curiosa, persino dell'apposizione (presente invece per gli altri nomi geografici: « mons », « fluvius », ecc.) per il Peloro, laddove il Boccaccio proprio di quel monte parla in una chiosa nel *Teseida* (*ad* VIII 6, 1); ecc.

Cogente per la non paternità boccacciana delle glosse alle egloghe e chiarificatrice anche per i termini cronologici della loro trascrizione è la spiegazione addotta per la forma *Sarno*, che allora, per confusione corrente, era ritenuta sinonimo di Arno: sì che i Fiorentini si gloriavano che Virgilio avesse parlato di loro nell'*Eneide* (VII 738-740) nominando appunto il Sarno. Scrive al proposito Giovanni Villani: « infra gli altri [fiumi toscani] reale e maggiore si è il nostro fiume d'Arno [...] E del detto fiume d'Arno le antiche storie fanno menzione in versi. Virgilio nel libro VII dell'*Eneide*, parlando della gente che fu in aiuto al re Turno incontro ad Enea di Troia, con questi versi: 'Sarrastes populos et que rigat equora Sarnus '; e Paolo Orosio, raccontando in sue storie del fiume d'Arno, disse che [...], passando Annibale l'Alpi appennine, per la grande freddura che v'ebbe, discendendo poi in su' paduli del fiume d'Arno, sì perdé tutti gli suoi leofanti... ».[99] La chiosa al v. 44 della prima egloga dantesca avverte invece polemicamente: « Hic Sarnum pro Arno fluvio Tuscie inteligit, seu quod ratione metri, auctoritate poetica, addiderit in principio illam *s*, seu quod ita condam illum vocatum crediderit, eo quod Virgilius dicit: ' et que rigat equora Sarnus ', quasi de isto Arno loquatur; quod quidem falsum est: loquitur enim Virgilius de Sarno fluvio Campanie prope Neapolim, ut satis loca ibidem a Virgilio nominata demonstrant ».[100] Il Boccaccio nel *Filocolo* dovendo nominare il fiume di Firenze usò la forma corrente « Arno » (IV 31, 30); quando poi però si avvide che « Sarno » ricorreva altresì non solo nell'epistola dantesca, in prosa, a Moroello ma anche nel *De vulgari eloquentia*, ritenne trattarsi di forma non già erronea bensì aulica, da preferire: e se Dante la adottò sempre in latino (*Ep.*, IV 2; VI 27; VII 23 e 31; *De vulg. eloq.*, I 6, 5) e mai in volgare, il Boccaccio nella fiorentina *Comedìa delle ninfe* volle scrivere esclusivamente « Sarno » (III 2; IX 6; XXXVIII

---

[99] *Cronica*, I 43. In effetti Orosio nel passo in questione (*Adv. Pag.*, IV 15, 2, cioè poco prima di dire della battaglia del Trasimeno) accenna alle difficoltà incontrate da Annibale per il terreno reso paludoso dal Sarno (« ... cum forte Sarnus late redundans et dissolutos campos reliquerat, de quibus dictum est ' et quae rigat aequora Sarnus ' »).

[100] *Ad* III 37 *Sarni* è spiegato più sbrigativamente: « idest Florentie, ratione cuiusdam fluvii florentini sic nominati »; *ad* V 229 l'aggettivo *Sarnius* è chiosato: « scilicet Dantes, a Sarno fluvio ».

98; e v. anche XXXVIII 116: « le onde sarnine »; XXIX 1: « villa sarnina »), inventando anzi la storia di una ninfa Sarnina fondatrice di Sarnia-Firenze (XXXVIII 56 ss.). Ma poi, forse su chiarimento del Petrarca, si ricredette nuovamente: e come il maestro (cfr. *Buccol. carmen*, I 107; *Africa*, VI 869), anch'egli accolse sempre e solo la forma « Arno » sia per le opere in volgare sia per quelle in latino: ivi compreso anche proprio il *Buccolicum carmen*. Nel tardo *De fluminibus* alla voce « Sarnus » ritenne perciò di dover avvertire: « Hunc Sarnum [fluvium Campanie] aliqui, minus advertentes, Arnum Florentie fluvium putavere ».[101]

Consegue necessariamente che il Boccaccio non può aver composto od accettato supinamente quella chiosa, che dichiara erronea la forma « Sarno », dopo il suo rientro in Firenze, se proprio ed esclusivamente « Sarno » egli accoglie nella *Comedìa delle ninfe*; e tanto meno può averla concepita od accettata più tardi, quando ebbe idee più chiare sull'argomento, poiché allora mai avrebbe potuto avanzare od avallare l'ipotesi di una licenza poetica per ragioni di metrica, dal momento che gli risultava che, se non altri, il medesimo Dante l'aveva ripetutamente usata in prosa, in epistole e nel *De vulgari*, ed egli stesso l'aveva adottata per la prosa, e per di più in volgare. La chiosa è pertanto costretta di necessità al periodo napoletano, e non è del Boccaccio, il quale si è limitato a trascriverla.

* * *

Era tuttavia normale, e risponde a ragioni del tutto comprensibili, che nella trascrizione di glosse fatta per propria utilità e piacere il copista venisse aggiungendo qualche piccola integrazione di suo; e così potrebbe essere accaduto anche per il Boccaccio. Potrebbero essere sue alcune poche annotazioni a margine dell'egloga al Mussato: non a caso parlo di annotazioni, poiché di vere e proprie chiose non si tratta, dalle quali anzi queste si differenziano radicalmente, sia per stile sia per struttura sia per contenuto. Intendo il tentativo di identificare la canzone intonata da Melibeo (« quidam iudex qui vocabatur dominus Ducius qui [...] tunc Cesene erat ») in alcuni versi in volgare (*ad* v. 79: « Forte

[101] Quel fiume campano fu particolarmente caro al Boccaccio: cfr. *De fluminibus*, s. v. (mi servo dell'ed. Venezia, 1473); *Esposizioni*, XIV 1, 55; la notizia di Orosio (non esplicitamente menzionato) è utilizzata nella « voce » *Arnus*. La puntualizzazione era destinata ad essere universalmente accolta, ed ecco infatti Benvenuto da Imola: « Hic fluvius [Sarnus] non est Arnus Tuscie, sicut quidam false scripsere, sicut Orosius » (*Comentum super Dantis Aldigherii Comoediam*, curante J. Ph. Lacaita, Firenze, Barbera, 1887, IV, p. 278).

dicebat hujus judicis cantilena vulgaris: ' Tu m'hai dado d'un seghetto al core, tu m'hai missi ai piedi i zeti de vinco ' etc. ») e soprattutto l'accenno sprezzante ai giuristi, motivo questo quanto mai caro all'insofferente studente di diritto, che ancora nel *De casibus* (III 10) e nella *Genealogia* (XIV 4) attaccherà con veemenza la vanità dei legisti (*ad* v. 53: « Videndum est que et quanta derisive Dampnis et Meris de isto judice loquantur, et etiam sibi in sua cantilena faciant enarrare ridicula; quod quidem non sine ministerio factum est: nam secundum rei veritatem isti juriste, ut plurimum, extra suas leges sunt homines modice virtutis et magne presumptionis et in moribus parum civiles; et ideo, quia se omnia putant scire, sic a sapientibus deridentur »).[102] Nel contesto di chiose dominate tutte da una sorta di volontà di stringatezza e di assoluta adesione alle necessità esegetiche queste balzano su per la loro vivacità e freschezza di impressione.

Se per l'egloga al Mussato testo e glosse sono indubitabilmente scritti con il medesimo inchiostro e niente permette di ipotizzare una qualche distanza cronologica nelle trascrizioni (se non, ovviamente, che il corredo di chiose sia stato apposto dopo la copiatura dell'intero testo), nella corrispondenza eglogistica Dante-Del Virgilio l'apparato delle chiose – come avviene parimenti per i testi accompagnati da chiose nella Miscellanea Laurenziana XXXIII 31 – si differenzia visibilmente per la maggior chiarezza dell'inchiostro. Poiché rispetto all'egloga al Mussato la corrispondenza dantesca-delvirgiliana appare trascritta con maggior pretesa di eleganza, tanto che la lettera iniziale di ciascun verso è toccata di giallo, è lecito supporre che l'inchiostrazione più chiara qui usata per le chiose (la medesima che è servita per l'egloga al Mussato e relative glosse) sia stata voluta a bella posta dall'illustre copista per far risaltare meglio la distinzione fra testo e commento, ed evitare quella sia pur minima sensazione di confusione che al riguardo può avvertirsi per la precedente trascrizione. Tuttavia, accanto a questa ragione, sta il fatto che per questi carmi e le loro chiose la trascrizione avvenne in due tempi, seppure assai ravvicinati. Perché il Boccaccio trascrisse prima l'egloga al Mussato, e

[102] Cfr. G. ALBINI, *Dantis Eclogae...*, p. XIV. Un certo qual odore del Boccaccio sembrerebbe avere anche la frecciata ironica *ad* V 123 (Cangrande « potum vetabat » a Padova): « quia Paduani magni sunt potatores »; e però l'Albini (in nota *ad loc.*) ha richiamato un passo del Mussato, *De gestis Ital. post Henr. VII*, IX, ove si dice che Cangrande « urbi musto privaverat omni ». Per l'espressione cfr. le *Allegorie* ovidiane di Giovanni, ap. Ghisalberti p. 57: « Nam ipse erant bone potatrices », ma soprattutto *Dec.* I 1, 41: « i gran bevitori »; e per quel blasone padovano: G. PADOAN, *Momenti del Rinascimento veneto*, Padova, Antenore, 1978, pp. 14-15.

poi, dopo parecchie carte, la corrispondenza dantesca, che pure cronologicamente precede? Evidentemente in un primo momento egli ottenne di potersi copiare l'egloga al Mussato, corredata da quelle fitte chiose; ma è logico che desiderasse avere al più presto anche quegli altri carmi, ben più sollecitanti. L'occasione gli si offrì ben presto ma per altra via (forse la stessa per cui aveva avuto, intorno a quel 1339, l'epistola a Cino, l'epistola a Moroello, il frammento dell'epistola di Ilaro – dove si parla della dedica del *Purgatorio* a Moroello – se non anche il *De vulgari*: tutti testi che per una ragione o l'altra riconducono a Cino: e nulla vieta di pensare anche al tramite di Sennuccio Del Bene o di altra persona legata a Cino). Quell'antigrafo apparteneva alla famiglia di cui fa parte il tardo codice Viennese,[103] separata dall'altro ramo della tradizione (formato dai codici Estense e Oratoriano) da alcuni errori e soprattutto da una serie di vistose lezioni caratterizzanti (che saranno esaminate più innanzi). Col codice Viennese la trascrizione boccacciana ha in comune un gruppetto di errori sicuri (II 31 *insonem*; III 33 *hic*; III 83 *laudat*; IV 54 *ethnee*; IV 65 *convexus*). L'antigrafo di cui si servì il Boccaccio recava anche una variante (*aliter terga*: riferita a « dente », I 128): lezione che il certaldese provvide scrupolosamente a trascrivere col medesimo inchiostro, come del medesimo inchiostro sono alcune poche correzioni con cui pose immediatamente rimedio a banali errori di copiatura. Poco dopo il Boccaccio ottenne alfine dalla fonte che precedentemente gli aveva fornito l'egloga al Mussato anche gli altri carmi, come quella chiosati anche se meno fittamente. Ne approfittò, riportando le chiose, per collazionare il testo registrando a margine di III 21 una variante (*aliter pecudum*, riferita a « gregium »; la quale poi, in una successiva trascrizione dei carmi bucolici,[104] inserì perentoriamente nel testo)

[103] In questo medesimo codice compare varie carte dopo trascritta una seconda volta l'ultima egloga di Dante.

[104] Quando, vari anni dopo, il Boccaccio volle approntare un « corpus buccolicum » vi trascrisse i carmi di Virgilio, del Petrarca, i propri, e quindi le egloghe di Dante, entrambe le egloghe delvirgiliane (ma non il *Carmen* inviato a Dante, perché non propriamente bucolico) e i due componimenti di Cecco Rossi (da quel codice, non riemerso, deriva la restante parte della magra tradizione di questa corrispondenza dantesca: cfr. G. Billanovich, *Testi bucolici nella biblioteca del Boccaccio*, in « Italia Medioevale e Umanistica », IV, 1961, pp. 202-221; Id., *Giovanni Del Virgilio, Pietro da Moglio, Francesco da Fiano. 3*, pp. 223-234; per il codice parigino: A. Rossi, *Un autografo ficiniano delle « Egloghe » alla Nazionale di Parigi*, in « Studi Danteschi », XXXVII, 1960, pp. 291-298). Colpisce, più che l'inclusione dell'egloga al Mussato, l'esclusione del *Carmen*. Quella netta distinzione peraltro era già chiara da tempo nella mente del Boccaccio, se nel 1352 circa scriveva nel *Trattatello* « compose il detto Dante due egloghe assai belle, le quali furono intitolate e mandate da lui, per risposta di *certi versi* mandatigli, a maestro Giovanni del Virgilio » (I 198).

e apportando delle correzioni: quella e queste con l'inchiostro delle chiose. Alcune correzioni sanano errori evidenti di copiatura (il più rilevante è la reintegrazione di un *postulat* a III 16, evidentemente caduto per banale omissione); altre però acquistano significanza ai fini stemmatici: *Hic* (III 33) corretto in *Ha*; *levabit* (III 57) in *lavabit*; *ne* (III 72) in *neque*; *laudat* (III 83) in *ludat* (v. la chiosa: « idest ludere possit »); *hoc* (IV 7) in *hec*. *Ha*, *neque*, *ludat*, *hec* sono correzioni esatte, attestate anche dall'altro ramo della tradizione; *lavabit* è con ogni probabilità banalizzazione, facilmente prodottasi in vari punti della tradizione, del « difficilior » *levabit pedes* (che ha resistito nel codice Estense).[105] Il nuovo testo, per quel poco che è lecito desumere dalla collazione e dalle chiose, apparteneva alla medesima famiglia dell'antigrafo dello Zibaldone, col quale (e col manoscritto Viennese) ha in comune l'errore *insonem* (denunciato dalla chiosa: « idest sine fama »),[106] e d'altra parte all'interno di quella famiglia si oppone agli altri due, Zibaldone e Viennese (fra loro indipendenti ma affini), in quanto non presenta errori a loro comuni ed ha invece una lezione deteriore, che gli è peculiare, *movebit* (I 8).[107] Infine tutti i manoscritti discendono da un unico archetipo (errore comune I 39 *prefectus*).

Per quanto concerne le varianti occorre dire subito e risolutamente che esse non sono frutto di congetture del Boccaccio: il quale si è limitato a riportarle dagli antigrafi. Chi si pone sulla via dell'intervento emendatorio non lo fa episodicamente: che senso avrebbe introdurre addirittura una lezione alternativa per evitare un genitivo irregolare (cioè *pecudum* al posto di *gregium*) ma contemporaneamente lasciare in-

---

[105] Cfr. Parodi, *Un'edizione inglese...*, p. 53.

[106] Nessun dubbio è possibile che *insonem* sia trascrizione errata di *insomnem*. Cfr. Padoan, *Il pio Enea, l'empio Ulisse*, p. 246; Billanovich, *Giovanni Del Virgilio, Pietro da Moglio, Francesco da Fiano. 3*, p. 233; G. Brugnoli, *Omero sire*, in « Cultura Neolatina », XXVII, 1967, p. 134 n. 37; Cecchini, *Giovanni Del Virgilio...*, p. 14.

[107] È certo che il codice collazionato leggeva proprio *movebit*, non solo per la correzione presente nello Zibaldone, ma anche per la chiosa a *Davus* (« quidam malus poeta »), che impone di leggere *movebit*, altrimenti Dante risulterebbe messo indiscretamente sullo stesso piano di un pessimo poeta (« tu commuoverai con la cetra il curvo delfino e un pessimo poeta risolverà i quesiti dell'ambigua Sfinge, prima che... »). Che la chiosa sia stata determinata proprio da *movebit* concorda Cecchini, *Giovanni Del Virgilio...*, p. 6 n. 2; e cfr. M. Pastore Stocchi, *Davo* (« voce » dell'*Enciclopedia Dantesca*). Davo, ben lungi dall'essere un « malus poeta » o un ottuso ignorante, è il servo della commedia classica, scaltro ed intelligente, cioè colui che più degli altri riesce subito ad intuire le situazioni ed a districare gli imbrogli (e tuttavia neppure a lui è possibile risolvere il quesito sfingeo: « Davus sum, non Oedipus »). Comunque la cassazione della lezione *movebit* è definitivamente decisa dalla posizione stemmatica (è attestato in uno dei codici di una famiglia contro gli affini e l'altra famiglia).

tatti banali errori di trascrizione o forme talmente storpiate da non dare più senso (come è soprattutto, ma non solo, nell'egloga al Mussato)? [108]

La miglior riprova che il Boccaccio trascriveva anche le varianti dall'antigrafo è offerta da una di queste: in III 22 (proprio nel verso successivo a quello dove appare la variante « pecudum ») sopra *audito* si legge interlinearmente *al'te*, che è stato sciolto dagli editori moderni in *aliter audite*, e dunque cassato perché manifestamente erroneo. Si tratta invece di frutto di un banale fraintendimento di copista (del Boccaccio stesso o – più probabilmente – di altro prima di lui): va infatti inteso non come variante bensì come chiosa, o restaurato in *scl.te*, cioè *scilicet te*, riferito alla parola successiva *carmine* (« audito te », sentita la tua poesia: « Archades exultant, audito carmine, Nymphe »).

* * *

Gli scolii risalgono, nella loro stragrande maggioranza, ad un medesimo autore, poiché discendono da una medesima cultura e rispondono a medesimi interessi: come è dimostrato, oltre tutto, da chiose identiche, o pressoché identiche, che si ripetono nei vari carmi (cfr., ad esempio, *ad* I 23 e V 200; *ad* II 36 e V 180; *ad* III 44 e V 145; *ad* IV 41 e V 104; ecc.). Essi rivelano una buona preparazione classicistica. Se possono colpire alcuni silenzi (non è chiosato l'episodio di Polifemo e Galatea, né quello di Achemenide: forse perché troppo noti; e mentre il Pachino è glossato *ad* IV 59, « idest mons Sicilie », si desidera invano analogo cenno per il Piloro, *ad* IV 46; ecc.), tuttavia già la chiosa alla forma Sarno dimostra cultura non disprezzabile: sia Orosio o indeterminato l'oggetto della polemica, la puntualizzazione sulla questione Arno/Sarno rimane notevole, e precisa è la chiamata in causa del verso di Virgilio (*Aen.*, VII 738). Del resto, la conoscenza dell'opera virgiliana è puntuale: e penso non tanto alle facili localizzazioni degli episodi di Sergesto (*Aen.*, V 202 ss.) e di Polifemo (*Aen.*, III 612 ss.), quanto piuttosto alla chiosa apposta a Caistro « fluvius Asie » (*ad* IV 18), suggerita dalle *Georgiche* (I 384) più propriamente che dalle *Metamorfosi* (V 386-387: fonte del verso dantesco), e soprattutto a quella dedicata a *Cythorum* (*ad* V 190): « mons est quem Virgilius commendat, cohopertus busso »; ed è in effetti *Georgiche* II 437 (« et iuvat undantem buxo

[108] Cfr., ad esempio, quel che osserva il BILLANOVICH, *Giovanni Del Virgilio, Pietro da Moglio, Francesco da Fiano. 3,* p. 233.

spectare Cythorum »).[109] La chiosa è quanto mai rilevante, poiché si tratta di nome raro: tanto raro che parte della stessa tradizione manoscritta delle *Georgiche* lo banalizza in *Cithoeron*. Nel Boccaccio – il quale nomina nel *Filocolo* (II 1, 2; III 27, 2) e nella *Comedìa delle ninfe* (IV 65) il monte Citerea,[110] e nel *Teseida* (*ad* I 134, 2; II 70, 5; ecc.) e poi ovviamente in varie altre opere, il Citerone – l'esistenza di quel monte della Paflagonia è acquisizione sèriore, che compare solo nel *De montibus*.[111]

Anche Ovidio è autore abbastanza noto al glossatore: alle *Metamorfosi* si rifanno puntualmente le chiose dedicate a Pireneo (*ad* IV 66; cfr. *Metam.*, V 278-93), a Mida (*ad* IV 51-53; cfr. *Metam.*, XI 134-45 e 190-93; si noti qui l'interpretazione allegorica: le canne mosse dal vento sono le « fistule pastorum »); mentre per altre può supporsi la mediazione di un mitografo (o glossatore), a maggior ragione in quanto questo chiosatore mostra particolare interesse per i miti antichi, nei quali si disimpegna con facilità.[112] Meno familiare pare essere al nostro chiosatore Terenzio: egli, forse messo già fuori strada dalla lezione erronea *movebit*, non coglie l'allusione di I 9, per cui « Davus » viene indicato genericamente come « quidam malus poeta »; invece, e sia pure indirizzato dall'esplicita menzione di Flacco, riconosce nel « comicomus nebulo » il garrulo di cui parla Orazio (*Sat.*, I 9, 33), anche se pare ritenere « comicomus » nome proprio.

Mediocre appare la conoscenza degli scritti danteschi e della stessa *Comedìa*. Il chiosatore sa individuare correttamente in Stazio (*ad* I 18) il

---

[109] Il verso in questione ricorre poco prima dell'espressione « pandas... carinas » che ha suggerito al Del Virgilio il « pandum delphina ». Le *Georgiche* in effetti sono tra i testi più presenti alla memoria di Giovanni, che le commentò (una sua chiosa a *Georg.*, 1 432 è riferita da Benvenuto da Imola: cfr. F. Ghisalberti, *Le chiose virgiliane di Benvenuto da Imola*, in « Studi Virgiliani » della R. Accademia Virgiliana di Mantova, Ser. Misc., IX, 1930, p. 135 n. 4).

[110] Per questa forma cfr. A. E. Quaglio, *Tra fonti e testo del « Filocolo »*, in « Giorn. Stor. Lett. It. », CXXXIX, 1962, pp. 530-531; Velli, *Note di cultura boccacciana. II. Citerea*, pp. 330-335. Nel *De montibus*, s. v. *Citheron*, si dice che « ab eo [Venerem] Cithream fuisse vocatam ».

[111] « Cithorius mons est Paphlagonie abundans buxo, in spatium LXIII mil. passum porrectus, loco veneto clarus; a quo volunt Paphlagonios in Italiam cum Antenore transvectos Venetos appellatos ».

[112] Ciò appare con maggior evidenza (cfr. qui n. 95) per la chiosa alla Sfinge. Per quel mito occorre anche far menzione della complicazione insorta per il famoso errore *Naiades/Laiades* entrato nella tradizione manoscritta medievale delle *Metamorfosi* (VII 759). Quella confusione, diffusissima e in cui rimasero coinvolti anche Dante (*Purg.*, XXXIII 46-51) e Giovanni Del Virgilio (nelle chiose alle *Metamorfosi*), inserì una deviazione laterale a fianco dell'episodio di Edipo (che peraltro ne rimase intatto). Cfr. F. Ghisalberti, *L'enigma delle Naiadi*, in « Studi Danteschi », XVI, 1932, pp. 105-125; e v. la mia « voce » *Naiadi* nell'*Enciclopedia Dantesca*.

poeta col quale Dante si accompagna al cielo, ed esplicitare, mantenendo l'ordine esatto dei nomi, l'allusione delvirgiliana al più famoso verso del canto IV dell'*Inferno*: « dixit enim Dantes se inter Homerum, Virgilium, Oratium, Ovidium et Lucanum se fore sextum » (*ad* I 17): dove il « fore », in sé inesatto, è peraltro interpretativo di quella ardita affermazione dantesca, che non aveva mancato di suscitare critiche per la presunta mancanza di umiltà (e dunque vari commentatori trecenteschi o la passano sotto silenzio o si premurano di precisare che il poeta volle dire sesto per numero). Eppure non si avvale di raffronti testuali per chiarire gli eventuali dubbi. Ad esempio, ai vv. 85-86 della seconda egloga dantesca si legge: « ut Rhenus et Nayas illa recludat / hoc illustre caput », *Nayas* è chiosato « civitas Bononie »: dove è invece evidente che è il fiume Sarpina, già accostato al Reno nell'egloga delvirgiliana (III 1-2: « ubi Sarpina Rheno / obvia fit »; verso ripetuto in IV 41, e poi ancora riecheggiato nell'egloga al Mussato, vv. 104-105: « ubi Sarpina Rheno / pene coit »), e come poteva ricavare, altrettanto indubitabilmente, da *Inf.* XVIII 61 (« tra Savena e Reno ») o dall'analoga immagine di *Par.*, IX 44 (« che Tagliamento e Adice richiude »). D'altra parte la chiosa alla forma « Sarno » ci avverte altresì della non conoscenza della dantesca epistola a Moroello e del *De vulgari*; e pertanto si cercherebbe invano un qualsivoglia accenno a quel trattato per la questione del volgare o per gli innumeri volgari d'Italia. Neppure si fa allusione all'attacco famoso « Se mai continga che il poema sacro... » (*Par.*, XXV 1), che pure qui si prestava straordinariamente alla citazione. Occorre però dire che non sono stati indicati a ragion veduta neanche i calchi più evidenti dalle bucoliche virgiliane: ché in genere il rinvio erudito e la glossa mitologica sono avanzati dal chiosatore solo quando siano esplicitamente richiesti dal testo.

L'attenzione batte invece particolarmente sull'esegesi letterale. Non pochi sono i lemmi difficili o desueti spiegati con indubbia acutezza e preparazione (si vedano il rarissimo *experare*, I 11; il non comune *coaxare*, I 12; ecc.); e generosi (anche se rivelano scarsa provvedutezza filologica) sono i tentativi di spiegare lezioni, in realtà frutto di errore testuale (come il già citato *insonem*). Non mancano i fraintendimenti; mentre alcune forme particolarmente oscure, o che non danno senso perché evidentemente errate, punti dunque dove più urgeva l'aiuto dell'esegeta, rimangono mute: la qual cosa, se rafforza il giudizio testè espresso di scarsa sensibilità filologica, induce anche ad escludere che siffatto chiosatore sia intervenuto sul testo per introdurre correzioni o suggerire varianti, che dunque stemmaticamente risalgono ancora più su.

È indubbio che il chiosatore è indotto più a spiegare il lemma che non ad intendere la sua particolare accezione nel contesto, rivelando in ciò mentalità scolastica. Eccolo dunque soffermarsi sui singoli vocaboli, ostentando una qualche elementare conoscenza di greco (di termini peraltro rintracciabili nei vocabolari mediolatini): *ydraules* « idest aquatiles et dicitur ab ydros quod est aqua » (*ad* III 9); *poymus* « idest fingimus vel monstramus » (*ad* IV 97); *melos* « idest dulcedo cantus » (*ad* V 4); « licos enim grece, lupus latine » (*ad* V 209). La cosa che più colpisce fortemente in queste glosse è però il numero rilevante delle osservazioni di carattere grammaticale: tale da dare coloritura caratterizzante all'intero commento, specie per l'egloga al Mussato, dove si addensano maggiormente. Esse fanno presumere un'origine scolastica. Sono dedicate non dico a suggerire particelle omesse (*ad* V 230: « supple: ut », e 252: « supple: hoc ») o ad indicare forme verbali improprie per licenza poetica (*ad* III 40 *crucia* « pro crucieris »; *ad* V 49 *canto* « pro cantabo »; 50 *affice* « pro afficias »; 89 *capiere* « pro capieris »; 231 *ne trepida* « idest ne trepides »; 244 *parere* « idest parendi »), ma anche a denunziare il ripetuto uso di *ridere* per « deridere » (*ad* V 37, 38, 234), *ludere* per « deludere » (*ad* V 85), *sinere* per « desinere » (*ad* V 240) e addirittura additare l'uso di un verbo non classico (*risabat* « ridebat »: *ad* V 94). Analogamente, se possono essere pur utili ad evitare confusioni la segnalazione dell'enclitica in *quoque* (*ad* II 36 e V 180: « pro et »; e così *-ve, ad* V 219), o l'avvertenza che in quel caso *ut* « idest postquam » (*ad* IV 39), *inter* « interim » (*ad* II 31), *quam* « pro quantum » (*ad* III 46), *michi* « pro a me » (*ad* V 48), *quando* « idest si » (*ad* V 144), *qua* « idest propter quam » (*ad* V 215), *qui* « idest quo modo » (*ad* V 155), ancor meno essenziali appaiono le glosse apposte a *heu me* « idest heu » (*ad* V 278), *en* « pro ecce » (*ad* III 97 e V 140), *sat* « pro satis » (*ad* V 44), *verum* « pro set » (*ad* IV 39) come *at* (*ad* I 23; V 200) e *ast* (*ad* III 47; V 145), *minus* « idest non » (*ad* V 260), e persino *nec* « pro non » e « idest non » (*ad* V 50 e 240).

Rimane insomma la ferma impressione che su questi testi si siano tenute lezioni di grammatica, di cui queste glosse sono traccia. Chiose di questo tipo, prese nel loro insieme, non possono avere altra spiegazione; e possiamo aggiungere: *age* « adverbium ortandi » (*ad* I 26, I 27, V 40), *Pactolida* « patronomicum » (*ad* IV 53), *Tytyron* « accusativus grecus » (*ad* III 11), *melos* « indeclinabile est » (*ad* II 21), *edissere* « idest dic, et est modi imperativi edisero edisseris » (*ad* II 6); altre sono persino dedicate a mettere in rilievo le figure retoriche: *mille* « finitum pro infinito ponit » (*ad* I 16), *ea* « scilicet tecta; ponit partem domus pro tota domo » (*ad* V 145); e a margine di I 39: « comparatio ». Infine l'indicazione a fianco di *vertice* (II 12) « vertex est capitis vortex aquarum » esula dalla vera e propria spiegazione del testo (si accenna all'alta cima del monte Menalo) per introdurci in una discussione lessicale volta ad impedire confusioni, che è indubbiamente di scuola; [113] mentre la glossa ad *ejulat* (V 125) « plorat more puerorum » risale alle distinzioni quali si ritrovano nei vocabolari.[114] Chiaro sapore scolastico hanno altresì i rinvii: « tangit hic quod legitur Eneide Virgilii libro 5° de Sergesto [*Aen.*, V 202 ss.] » (*ad* IV 31); *Poliphemus* « ciclops fuit de quo Virgilius En. III circa finem [*Aen.*, III 655 ss.] » (*ad* IV 75); ed odora di ambiente di scuola – colgano o no le chiose nel vero – l'identificazione degli armenti in scolari (*ad* II 3: *capellas* « idest scolares »; *ad* II 21 *armenta* « idest scolares »; *ad* II 29 *alii* « scolares »; *ad* III 4 *iuvenci* « idest scolares maiores »; *ad* III 5 *agne* « minores scolares », *capelle* « mediocres scolares »; *ad* III 65 *antrum* « idest iam implentur scole »; *ad* V 26 *hedis* « idest scolaribus »; *ad* V 246 *officium* « docendi scolares »; *ad* V 247 *genus* « scilicet scolares »), secondo una tradizione esegetica attestata anche da Giovanni Del Virgilio, il quale nelle *Allegorie* ovidiane trattando di Atlante scrive: « et habebat mille greges, per quos intelligo discipulos ».[115]

Sono riconducibili alla tipologia scolastica anche l'enunciazione delle varie parti della musica secondo Isidoro (*ad* II 20) [116] e l'elencazione dei vari tipi di ninfe (*ad* V 136),[117] l'una e l'altra non strettamente attinenti

---

[113] Il Rossi, *'Dossier' di un'attribuzione*, p. 122, segnala identico appunto in Flavius Caper, *De ortographia*, 99, 11 ed. Keil.

[114] Cfr. *Esposizioni*, VIII 1, 45: « ...*eiulare*, che per volgare viene a dir 'piagnere', e, secondo piace ai gramatici, 'piagnere con alte boci': et dicesi *ab 'ei' quod est interiectio dolentis*... » (per cui cfr. Papia, *Elementarium*, s. v.).

[115] IV 25 (ap. Ghisalberti, *Giovanni del Virgilio...*, p. 59).

[116] « Testatur Ysidorus triplicem esse divisionem musice: prima vocatur armoniaca, de qua hic dicit modulamina idest varietatem vocalem, et ista pertinet ad omnes voce canentes; alia est organica, que ex flatu resonat; tertia rithmica, que pulsu digitorum numeros recipit, ut in citara et ceteris »; cfr. Isidoro, *Etimologie*, III 19: « At omnem sonum, qui materies cantilenarum est, triformem constat esse natura. Prima est harmonica, que ex vocum cantibus constat; secunda organica, que ex flatu consistit; tertia rhytmica, que pulsu digitorum numeros recipit » (la distinzione è di cappello ad una più diffusa trattazione). Questa citazione sarebbe stata ben più pertinente *ad* V 223, dove il cigno (che in quanto incapace di modulare parole è assimilato allo strumento a fiato) è detto « organicus ».

[117] « Nayades dee fontium Orcades dee montium Driades dee nemorum Nereides dee maris Napee dee florum Amadriades dee arborum Nimphe dee fluviorum ». A proposito di queste distinzioni è da osservare come nella pagina iniziale del *Filocolo* il Boccaccio nomini, con i Satiri e i Fauni, genericamente le Ninfe; mentre già nell'ultimo libro (V 19, 2) queste sono differenziate in Ninfe, Naiade e Driade: distinzione che rimane

al testo. A proposito delle ninfe si può osservare che analogo elenco, obbediente alla medesima tipologia (tradizionale nei mitografi e vocabolaristi) pur con alcune varianti, è anche nella *Genologia deorum* di Francesco degli Albizzi e Forese Donati trascritta dal Boccaccio nello Zibaldone Magliabechiano,[118] la quale vi fa da *pendant* al *Liber genologie tam hominum quam deorum* di Paolo da Perugia: [119] che in realtà è magra compilazione dell'opera del perugino (che il Boccaccio dice essere stato a lungo « magister », oltre che bibliotecario reale), redatta ad uso degli studenti (« Ad utilitatem omnium scolarium superficiem totius geonologie [...] in unum opusculum redigere dignum duximus »). Come è noto, fu Paolo a fornire al Boccaccio le notizie mitografiche attribuite a Teodonzio,[120] dunque anche quelle concernenti le ninfe registrate poi nella *Genealogia deorum*.[121]

* * *

Gli scolii che accompagnano la trascrizione dei carmi eglogistici di Dante e di Giovanni Del Virgilio nello Zibaldone Laurenziano discendono dunque da ambiente di scuola; e questa conclusione quadra a pennello con quel che siamo venuti osservando sulla genesi dello Zibaldone Laurenziano, nato come raccolta di testi varii, riconducibili ad interessi

canonica nella *Fiammetta* (le Driade sono « dee degli alberi » e le Ninfe « dee delle fonti », precisano due chiose al *Teseida*, V 62, 3 e XI 20, 3) e nell'ampia panoramica sui demoni che è nella *Comedìa delle ninfe* (IX 7: « ... le chiare rive vi mandano le sue Ninfe, e le prossime selve li Fauni e le Driade; e qualunque campo tiene Satiri manda quivi, e le Naiade ancora liete vi vengono... »); mentre le Napee fanno la loro comparsa solo con il *Buccolicum carmen*. Insomma il Boccaccio non diede soverchio peso a quella ed analoghe distinzioni; e solo quando dovette trattarne *ex professo* nella *Genealogia deorum* (VII 14) ricondusse il termine Ninfe al suo valore generale e generico, offrendo una dissertazione che da quelle scarne elencazioni si differenzia notevolmente per ricchezza di dati e soprattutto per giustificazioni culturali ed etimologiche (si cita qui solo lo scheletro essenziale di quel lungo passo: « ...alie sunt marine, et appellantur Nereides [...] Sunt et alie que dicuntur fluminum, et he vocantur Nayades [...] Sunt et alie que dicuntur fontium, et he appellantur Napee [...] Sunt et alie que nemorum dicunt, et Driades vocitantur [...] Sunt et alie, quas arborum dixere, easque Amadriades vocavere [...] Alie vero sunt montium, quas dixere Orcades [...] Sic etiam et alie Hymnides appellantur, ut placet Theodontio, quas dixit pratorum atque florum nymphas existere... »).

[118] « Nereides dee maris Nayades dee fontium Nymphe dee fluviorum Humides dee pratorum Horcades dee camporum Driades dee montium Amadriades dee arborum ». Il Boccaccio ebbe in scarsa stima quell'operetta, che non mise mai a frutto (è trascritta da HORTIS, *Studj sulle opere latine..*, pp. 537-542; il passo citato è a p. 539).

[119] Trascritto da HORTIS, *Studj sulle opere latine...*, pp. 525-536.

[120] Sulle notizie attribuite a Teodonzio v. HORTIS, *Studj sulle opere latine...*, pp. 464-468.

[121] V. qui sopra n. 117.

scolastici e pertinenti alla formazione culturale e retorica di un giovane dettatore.

L'autore di questi scolii non è, come si è visto, il copista Boccaccio. Non è neppure il Del Virgilio. Lo dimostrano irrefutabilmente le denunzie di forme ritenute inesatte o meno proprie (ad esempio, oltre al già citato « Sarno », la forma « Adriacus » cara al Del Virgilio – cfr. III 11; V 10 – come lo sarà al Petrarca,[122] ma che qui viene corretta in « Adrianus »,[123] cfr. anche *ad* IV 68; il *risabat* glossato « ridebat », *ad* V 94; ecc.), le perplessità talvolta manifestate sul significato di un'espressione (ad esempio, per l'egloga al Mussato: *ad* 27 *cicutas* « idest fistulas. Forte inteligit eglogas Virgilii »; *ad* 93 *redactis* « vel quia pinguis vel quia sic ridendo faciebat »; *ad* 94 *crispatis* « quia forte senex »; *ad* 168 *gubernans* « quia forte potestas erat Cesene »; ecc.), e soprattutto le chiose manifestamente errate (ad esempio, oltre la glossa al deteriore *insonem*, *ad* I 2 *orbem* [...] *letifluuum*, cioè il mondo che vive « del viver ch'è un correre a la morte », *Purg.*, XXXIII 54: « idest corruptum seu mortiferum ut Infernus »; ecc.).

L'impressione che si ricava dalle chiose a Sarno (che ci si rivelano sempre più preziose) è che il chiosatore non fosse fiorentino: ancorché « quidam » abbia semplice valore di articolo indeterminato, quell'indicare l'Arno con la dizione anodina « cuiusdam fluvii florentini » contrasta apertamente con l'orgoglio col quale il Villani parla del « nostro fiume d'Arno » « reale e maggiore ». E se il glossatore mostra di sapersi disimpegnare con le indicazioni di fiumi e di località dell'Italia padana tra Padova e Bologna (basti qui citare la chiosa ad *Apono*, V 158: « idest flumen Paduanum prope balnea Paduana »),[124] egli ha altresì una qualche conoscenza della Campania, dal momento che è in grado di indicare come località di quella regione i luoghi nominati da Virgilio a proposito del Sarno (e cioè Rufra, Batulo, Celenna, Avella).

Le prospettive che ci si sono improvvisamente aperte dinanzi sono estremamente suggestive. Giuseppe Billanovich ha di recente magistralmente dimostrato che Pietro da Moglio commentò tra il 1369 e il 1371 dalla cattedra di Bologna, con il *Buccolicum carmen* del Petrarca, la cor-

---

[122] Cfr. *Epistole metr.*, I 6, 65; II 11, 38; III 6, 20; ecc.

[123] « Adriano » è la forma sempre adottata dal Boccaccio, dal *Filocolo* (III 33, 3) fino alle tarde opere erudite, dove compare accanto al meno frequente « Adriatico » (*Esposizioni*, I 1, 54 e 136; V 1, 156 e 157; ecc.).

[124] Può essere semplice errore di disattenzione l'indicazione del Benaco come fiume mantovano (*ad* V 7; cfr. *ad* V 27: « a Mencio fluvio Mantue »), esattamente chiosato « lacus est Mantue » *ad* III 28. E cfr. *Inf.*, XX 77.

rispondenza bucolica intercorsa tra Dante e Giovanni.[125] Ora vediamo che quello fu il punto più alto ma sostanzialmente d'arrivo della fortuna di questi carmi. Il magistero del Petrarca, il cui secco giudizio sul valore dei versi latini dell'Alighieri è ben noto,[126] tagliava fuori definitivamente, come frutti acerbi ancora legati alla vecchia retorica, quelle egloghe: e già alla *Argus* petrarchesca guardò per le proprie egloghe, oltre al Boccaccio, anche il sulmonese Giovanni Quatraro, legato al gruppo petrarchista partenopeo; [127] e Coluccio Salutati e gli altri sanzionarono quel trionfo.[128] Lo stesso Boccaccio, che nel *Trattatello* (e redazioni compendiose) aveva pur elogiato le due egloghe dantesche come « assai belle » (I 198; II 135) e definito Giovanni (nel *Trattatello*, I 91, ma non più nel compendio, II 65) « famosissimo e gran poeta », nell'epistola a Martino da Signa, del 1374 circa, dopo aver parlato della poesia bucolica di Teocrito e di Virgilio, afferma: « Post hunc [Virgilium] autem scripserunt et alii, sed ignobiles, de quibus nil curandum est, excepto inclito preceptore meo Francisco Petrarca, qui stilum preter solitum paululum sublimavit [...] Ex his ego Virgilium secutus sum... ». Gli « ignobiles » saranno anche Calpurnio e Nemesiano,[129] esclusi dal « corpus buccolicum » che il Boccaccio aveva voluto mettere insieme; ma dei carmi di Dante e di Giovanni, che primi avevano fatto nuovamente risuonare il flauto della poesia pastorale, e che per il generoso impegno di Pietro da Moglio proprio poco prima erano stati assunti nell'ambito universitario, si tace del tutto.

Pietro da Moglio commentò questi carmi intorno al 1370. Ma qui siamo agli inizi di quella fortuna. Se queste chiose venivano ricopiate dal Boccaccio nel 1339, la loro composizione conosce come termine *post quem* il 1329, poiché il Mussato è ricordato come già deceduto (*ad* V 1: « dominus Musactus fuit paduanus et Padue fuit lauro coronatus »);

---

[125] Cfr. BILLANOVICH, *Giovanni Del Virgilio, Pietro da Moglio, Francesco da Fiano. 1*, pp. 206-234.

[126] *Familiares*, XXI 15, 24 ed. Rossi-Bosco; cfr. BILLANOVICH, *Lo scrittoio del Petrarca*, p. 239.

[127] Cfr. G. PANSA, *Giovanni Quatraro di Sulmona (1336-1402)*, Sulmona, Tip. Ed. Sociale, 1912; F. TORRACA, *Giovanni Quatraro di Sulmona e il suo recente biografo*, in « Rass. Crit. Lett. It. », XVII, 1912, pp. 91-133; W. LEONARD GRANT, *An Eclogue of Giovanni Quatraro*, in « Studies in the Renaissance », V, 1958, pp. 7-14.

[128] Cfr. E. CARRARA, *Studi petrarcheschi ed altri scritti*, Torino, Bottega d'Erasmo, 1959, pp. 203-217; BILLANOVICH, *Giovanni Del Virgilio, Pietro da Moglio, Francesco da Fiano. 2*, p. 220.

[129] Noti al Boccaccio: cfr. BILLANOVICH, *Lo scrittoio del Petrarca*, p. 230 n. 1. Il chiosatore esclude perentoriamente che dopo Virgilio alcuno abbia scritto carmi bucolici in latino (cfr. *ad* II 61: « quia non invenitur aliud opus buccolicum in lingua latina »; *ad* V 8: « eo quod nullus latinus post Virgilium buccolico carmine usus est »).

termine che scende ulteriormente al giugno 1334, se *ad* II 41 si legge: « quia contraria parti Dantis *tunc* Bononia erat », con implicito riferimento alla successiva cacciata dei guelfi, nella quale rimase coinvolto anche Graziolo Bambaglioli. Nel giro di quei cinque-sei anni vi fu chi insegnò grammatica sulle egloghe di Dante e di Giovanni Del Virgilio, forse in quella stessa Napoli dove si era formato un nucleo di intellettuali, provenienti da ogni parte d'Italia, fortemente interessati a Dante e ai suoi scritti. Non taccio la mia netta impressione che questo chiosatore, più che un dantista, fosse un allievo di Giovanni Del Virgilio. Non sarà certo a caso che l'egloga al Mussato fu la più fittamente chiosata, sicuramente la prima ad essere oggetto di questo commento (si vedano le notizie concernenti il Del Virgilio e Dante, date per note nel commento agli altri carmi). Era un testo certamente ancora più raro delle egloghe dantesche, per il quale occorre pensare ad un qualche legame, diretto od indiretto, col maestro bolognese. Gli incastri ora si congiungono perfettamente: in un elenco di testi scolastici, ricco soprattutto per il settore giuridico ma con titoli anche per il grammaticale, databile intorno al 1340 – la segnalazione è di Augusto Campana [130] – compare la corrispondenza eglogistica di Dante e Giovanni Del Virgilio, unitamente al *Diaffonus* di questi [131] (e dunque la derivazione sarà delvirgiliana, non dantesca).

* * *

Incidiamo più a fondo, e tentiamo di far parlare la tradizione manoscritta. Questa, benché tutt'altro che rigogliosa, presenta alcuni problemi tra i più spinosi della filologia dantesca, francamente difficili, poiché un gruppo di codici costituenti tra loro famiglia (cioè l'Estense e l'Oratoriano) [132] reca una serie di lezioni caratterizzanti non spiegabili lachmanianamente.[133]

---

[130] Comunicazione al II Congresso Internaz. Storia del Diritto, tenutosi a Venezia nel settembre 1967 (il Campana sta ancora studiando l'argomento). Cfr. A. Goldmann, *Drei Italienische Handschriftenkataloge s. XIII-XIV*, in « Centralblatt für Bibliothekswesen », IV, fasc. 4, 1887, p. 142; F. Novati, in « Giorn. Stor. Lett. It. », X, 1887, p. 414.

[131] « Epistole Dantis et magistro Johannis de Virgilio et diaffanus eius ». Il *Diaffonus* è edito, da un codice Rossiano, in E. Carrara, *Il « Diaffonus » di Giovanni del Virgilio*, in « Atti e Mem. R. Deputaz. Storia Patria Prov. Romagna », S. IV, XV, 1925, pp. 1-50; su quest'operetta: Lidonnici, *Il Diaffonus*...; e per il titolo: Martellotti, *Dalla tenzone al carme bucolico*, p. 327 n. 2.

[132] Alla fine l'Oratoriano presenta una importante nota, in cui il Billanovich ha acutamente riconosciuto l'« accessus » del commento di Pietro da Moglio: cfr. Billanovich, *Giovanni Del Virgilio, Pietro da Moglio, Francesco da Fiano. 3*, pp. 227-231.

[133] Il fatto che si tratti di una coppia tarda non ha incidenza sia per ovvie ragioni generali di metodo sia soprattutto perché una di quelle lezioni (*terga,* I 28) è attestata come variante nello Zibaldone boccacciano.

La lezione apparentemente più strana ricorre ad I 48, dove il Del Virgilio ricorda a Dante la promessa « quod visare notis me dignareris amicis ». L'Estense e l'Oratoriano recano, al posto di *notis*, l'impossibile lezione *tuis*. Come può essersi prodotta? Il passaggio grafico *notis* → *tuis* appare inspiegabile: ma già il Parodi avvertì che la glossa *literis* (che nello Zibaldone compare appunto sopra *notis*) nella solita abbreviazione ad un lettore sbadato può forse parere *tuis*.[134] Il « forse » del Parodi cade se, anziché a « licteris », pensiamo a « lituris »: cioè ad un *i. litq̄is* soprascritto a « notis » come glossa interlineare, letto erroneamente *al'tuis* (cioè « aliter tuis »), che quindi, inteso come lezione alternativa, ha scalzato dal testo dell'archetipo di quei due codici la lezione originaria. La chiosa apposta nello Zibaldone *i.lr̄is* (« idest licteris ») è a quella assai vicina, solo leggermente banalizzata (cfr. II 1, dove nello Zibaldone *lituris* appare appunto chiosato « idest licteris »).

Ma se questo è il bandolo della matassa, tanto vale tirare decisamente tutto il filo. A II 23 « et refluant unde, frondes et Menala nutent », l'Estense e l'Oratoriano invece di *frondes* leggono *montes*. Il passaggio grafico *frondes* → *montes* rimane meno incredibile del precedente, ma certo arduo da spiegare lachmannianamente. È invece ben più razionale ipotizzare una chiosa interlineare *montes* sovrapposta a « Menala » (nello Zibaldone boccacciano sopra « Menala » si legge proprio « Arcadie montes »), che, slittata un poco verso il contiguo « frondes », è stata intesa come variante ed inserita nel testo. Sulla possibilità del passaggio da variante a lezione non occorre spender qui parole, poiché è cosa assai facile a prodursi, e ne abbiamo testè discusso un esempio; lo spostamento di chiosa sovrapposta da una parola alla contigua è attestato, e con grande frequenza,[135] solo che si scorra la tradizione glossografica (diventa addirittura un fatto normale nel caso di parafrasi),[136] così come lo scambio « scilicet » (*scł*) / « aliter » (*al'*): per questi stessi nostri pochi versi abbiamo pur veduto il caso, chiarissimo, di « audito carmine » (III 22) dove *scł te* sovrapposto a « carmine » non solo si è spostato sopra « audito » ma è divenuto *al'te*. Anche lo scambio *post* / *ad* di IV 93

[134] Cfr. Parodi, *Un'edizione inglese...*, p. 59.

[135] Per questi pochi versi ricorre un altro esempio *ad* V 161 (cfr. Cecchini, *Giovanni Del Virgilio...*, pp. 19-20).

[136] Così si comporta anche il Boccaccio per le traduzioni omeriche del Pilato: cfr. A. Pertusi, *Leonzio Pilato fra Petrarca e Boccaccio*, Venezia-Roma, Ist. Collaborazione Culturale, 1964, p. 240.

(« post – *mss. Estense ed Oratoriano*: ad – pecudes redire suas, hirteque capelle ») può spiegarsi solo come originato da una glossa *ad*, intesa a chiarire perspicuamente il valore preposizionale di *post*, con successiva inserzione nel testo in luogo della lezione originaria.[137]

Quel che qui più preme rilevare, anche per stringere il discorso verso la soluzione fondamentale, è che allora già l'archetipo, da cui tutti i manoscritti discendono, presentava brevi chiose interlineari.

* * *

Alcune chiose dello Zibaldone Laurenziano offrono notizie illuminanti su personaggi e fatti di cronaca cui si allude nei versi, con speciale riguardo per l'egloga al Mussato. Esse si rivelano di una puntualità straordinaria: come per quel « Fiducius de Milottis de Certaldo medicus, qui tunc morabatur Ravenne » (*tunc*, cioè nel 1321), e che già nel 1322 era

---

[137] Meno limpido si presenta il caso proposto da III 21 « custodes gregium quanquam tamen Archades omnes ». *Gregium*, attestato in parte della tradizione manoscritta (anche nello Zibaldone; l'altra ha *gregum*), è irregolare dal punto di vista della declinazione, ma la lezione corretta *gregum* crea imperfezione metrica. Il genitivo irregolare turba meno, poiché il latino medievale conosce ben altro che questo (lo stesso Giovanni scrive « bovium », nel frammento di poema narrativo al v. 21, p. 202 ed. Wicksteed-Gardner); difficile è invece ammettere l'imperfezione metrica: Giovanni, che fu sopran-nominato anche « de carmine metrico » (così il ms. Braidense AF XIV 21; cfr. F. Novati, *La giovinezza di Coluccio Salutati,* Torino, Loescher, 1883, p. 33 n. 4; Billanovich, *Giovanni Del Virgilio, Pietro da Moglio, Francesco da Fiano. 5*, p. 291), a Bologna insegnò versificazione, e il Kristeller ci ha pur mostrato che è, tra l'altro, autore anche di una *Ars dictaminis* (P. O. Kristeller, *Un'« Ars dictaminis » di Giovanni Del Virgilio,* in « Italia Medioevale e Umanistica », IV, 1961, pp. 181-200; a p. 182 n. 5 è riprodotto il documento che riguarda l'insegnamento anche di metrica). Comunque, il problema è posto dalla variante, attestata a margine nello Zibaldone Laurenziano, *pecudum,* che poi lo stesso Boccaccio (che usa sempre la forma esatta *gregum*: cfr. *Buccolicum carmen,* VI 9; XIII 8; XIV 253; ecc.) inserì d'autorità nel testo. Può trattarsi di un accorto emendamento attribuibile all'autore delle chiose (e quindi passato nello Zibaldone): ma quel che si è già osservato, e quel che dirò, al proposito di quel postillatore lascia dei seri dubbi su una sua volontà emendatrice. Piuttosto, non avrà l'archetipo presentato un *gregum* (o – non l'escluderei – *gregium*) sovrapposto a *pecudum,* ma in modo tale da suggerire che esso era da accogliere nel testo, lasciando sopravvivere la lezione originaria a livello di variante? Ci si potrà chiedere se abbia un qualche senso chiosare *pecudum* con *gregum.* Forse sì, se facciamo caso che il Del Virgilio lì dice che il canto di Titiro (Dante), cioè il carme bucolico, è da lungo tempo sconosciuto ai « custodes pecudum, quanquam tamen Archades omnes »: *pecudes* è indeterminato (e talvolta assume significato dispregiativo, ad indicare il volgo illetterato), *greges* indica i vari e diversi generi; e il chiosatore ripetutamente avverte che occorre segnare le distinzioni, ché, ad esempio, gli *iuvenci* sono glossati « idest scolares maiores », le *agne* « minores scolares », le *capelle* « mediocres scolares » (distinzione che è di derivazione donatiana), e così via. E questo rientra nella cultura e nella mentalità di Del Virgilio. Se sostituzioni tra chiosa e testo sono avvenute – alcune, mi pare, sono innegabili – questa spiegazione potrebbe risolvere il problema.

passato a Bologna, dove l'anno seguente rogò testamento.[138] Se possono rientrare nelle notizie di comune dominio i cenni brevissimi dedicati a Dante, a Giovanni Del Virgilio, a Mussato, e un esegeta attento ed informato poteva magari identificare dietro ai nomi pastorali personalità di un certo rilievo come Guido Novello da Polenta, il Lovato, Rolando da Piazzola, Rinaldo Cinzii, ben più minute sono le notizie che riguardano la promessa di matrimonio di Rinaldo (*ad* V 166) o l'innamoramento di Malatestino junior (*ad* V 72); mentre poco più che insignificanti sono le personalità del Milotti, del Perini, del maestro Ambrogio da Cremona, del giudice Duccio (per il quale si avverte persino che « non plus advocabat »). Notizie di questo tipo, come anche per la sorprendente e preziosa notizia dell'invio postumo della seconda egloga dantesca, possono discendere solo dall'ambiente direttamente interessato, per testimonianze orali degli stessi protagonisti o di chi fu loro vicino; o da annotazioni che a questi, direttamente o indirettamente, risalgono.[139] Rientra nella più ovvia tradizione della glossografia medievale che un commentatore innesti il proprio intervento su chiose preesistenti, rielaborandole, ampliandole, arricchendole, oltre naturalmente ad aggiungerne *ex-novo* delle altre.[140] Che il nostro postillatore si sia giovato di precedenti annotazioni informative mi pare indubbio; ma anche di chiose esplicative, alcune delle quali, malamente trascritte e travisate, in qualche caso lo hanno messo in imbarazzo. L'esempio più patente mi pare sia costituito dal clamoroso fraintendimento dei famosi versi nei quali Dante dichiara la propria fiducia nel trionfo allorché sarà edito, come già le cantiche precedenti, anche il *Paradiso*: « Cum mundi circumflua corpora cantu / astricoleque meo, velut infera regna, patebunt ». Sopra « mundi » è la chiosa interlineare « *s. purgatorij* » e sopra « astricoleque » *i.paradiso*. L'annotazione a margine tradisce però, nel « quasi » iniziale, una certa perplessità: « quasi dicat dum perfecero purgatorium et paradisum comedie mee ut infernum perfeci, tunc ego delectabor coronari in poetam ». E di essere perplesso il buon postillatore ne aveva ben donde, dal momento che

[138] Cfr. G. Livi, *Feduccio de' Milotti medico certaldese, caro a Dante esule a Ravenna*, in « Miscellanea Stor. Valdelsa », XXXV, 1927, pp. 17-33.

[139] Osservò già il Parodi: « glosse così ben informate intorno alle allusioni storiche dei versi e ai personaggi adombrati sotto i nomi bucolici, che, almeno per questa parte, potrebbero derivare direttamente o dallo stesso Giovanni del Virgilio o da' suoi amici e discepoli » (*Un'edizione inglese...*, p. 54).

[140] Esempio illustre è lo stesso Petrarca, per le chiose ai poemi omerici nei mss. Paris. lat. 7880, 1-2, le quali risalgono al Pilato: cfr. Pertusi, *Leonzio Pilato fra Petrarca e Boccaccio,* pp. 116, 147-148, 304-305, 326-331.

nel carme delvirgiliano (I 18) si allude all'ascesa al cielo di Dante in compagnia di Stazio (cfr. *Purg.* XXXIII 135),[141] e la seconda cantica è data dunque per edita e nota. Che l'insieme sia un grosso pasticcio è evidente: i « corpora mundi circumflua » sono, senza ombra di dubbio ed esclusivamente, i cieli ruotanti,[142] e gli « infera regna » l'Inferno e il Purgatorio, cioè i regni per i quali è guida Virgilio rispetto al regno celeste per cui è guida Beatrice. La chiosa interlineare *i.paradiso* (cioè « idest paradiso ») è errata (in ogni caso dovrebbe essere al nominativo), ma è facilmente sanabile ripristinando la lineetta tachigrafica caduta, e dunque leggendo: « in paradiso ». Altrettanto certamente errata è l'altra, poiché « mundi » chiosato « scilicet purgatorij » è cosa assolutamente insensata: intendo con ciò escludere che si tratti solo di una interpretazione errata, per affermare che è invece il frutto (marcio) di un tentativo di interpretare una parola pasticciata, la quale era esplicativa dei « corpora mundi circumflua »: la presenza nel testo di « infera regna » e nelle chiose di « i.paradiso » ha suggerito in quella parola l'idea del Purgatorio, messo in relazione con « mundi », come mostra il caso genitivo. Quella parola pasticciata, che è stata malamente interpretata *s.purgatorij*; non sarà stata originariamente *sp̄'a gāto͞is*, cioè « spera generationis », appunto l'insieme dei cieli ruotanti (cfr. *Conv.* II XIV 17)? In tal caso assai significativo mi sembra il fatto che il postillatore, pur avvertendo confusamente che qualcosa non andava proprio per il verso giusto, non si è deciso di cassare quella chiosa preesistente: dunque, ai suoi occhi, l'antigrafo era copia autorevole.

Soccorre un altro caso ad illuminarci anche meglio. Una delle « cruces » più ostiche ai vari tentativi di spiegazione tentati dalla filologia dantesca è offerta dalla lezione alternativa *terga* che lo Zibaldone attesta a fianco di I 28 (*al'terga*), in relazione a « dente »: « Frigios damas laceratos dente molosso » (lo Zibaldone ha, per banale errore di trascrizione, « melosso », chiosato interlinearmente « canino »); e proprio *terga* legge il testo dell'Estense e dell'Oratoriano. Gli studiosi che si sono occupati del caso hanno ritenuto trattarsi, più che di una variante vera e propria, di un tentativo di emendamento, suggerito magari dal Boccaccio

[141] Il Martellotti ha proposto di intendere diversamente quell'allusione (si indicherebbe Virgilio, non Stazio), con argomentazione fine ma forse troppo sottile: cfr. Martellotti, *Dalla tenzone al carme bucolico*, p. 328 n. 3. Comunque il chiosatore postilla: « scilicet Statium ».

[142] Cfr. Padoan, *Il pio Enea, l'empio Ulisse*, pp. 248-251.

stesso, in considerazione del valore, invero arduo da accettare, di « molosso » come aggettivo. Già si è osservato quanto sarebbe strano che il Boccaccio, mentre accoglie la chiosa « canino » ed anzi trascrive banalmente « melosso », lavori poi di congettura testuale. E perché rimediare alla funzione aggettivale di un sostantivo, e non allora a *damas* ricondotto al maschile? [143] e – più ancora – perché un intervento congetturale tanto pesante in luogo di un restauro che si presenta assai semplice, solo restituendo quel lemma al genitivo *molossi*? [144] Infatti « molosso » è, in quel contesto, indubitabilmente erroneo: come documenta anche il riscontro – sia questa la fonte diretta o sia esso stilema tradizionale – « laceratus dente molosi » in Aldelmo.[145] Il fatto è che quella lezione ha un suo preciso significato, in quanto *damas laceratos dente molossi* dà l'impressione di una tragedia ormai precipitata (come in effetti sembrò perduta Padova quando Giovanni scrisse quel carme, poco prima dell'agosto 1320); mentre la puntualizzazione « (laceratos) *terga* » lascia intendere un dramma in atto ma non concluso e non senza una qualche possibilità per gli azzannati Padovani di sfuggire, in un estremo disperato tentativo: come poté apparire dopo la sconfitta di Cangrande dell'agosto 1320, che costrinse lo Scaligero a recedere per il momento dalla conquista di Padova. Se *terga* è nato, più che come lezione alternativa, come chiosa integrativa dopo quell'agosto 1320 (rimasta quindi a margine in una famiglia della tradizione manoscritta – e in un ramo di questa, il tardo Viennese, infine caduta – ed entrata nel testo nell'altra, come per gli altri casi già considerati), essa non può essere attribuita al commento di Pietro da Moglio, essendo attestata già nello Zibaldone boccacciano; anzi, tale puntualizzazione diveniva del tutto inutile e fuori luogo dopo la definitiva vittoria dello Scaligero: il quale, riapertasi la lotta nel 1327, l'anno dopo si impadronì di Padova. Ma nel 1326 Giovanni Del Virgilio risulta ancor vivo, ormai di breve vita: chi avrà apposto quella precisazione in quegli anni, se non Giovanni stesso? Che un autore appunti qualche possibile variante e corredi i propri versi di qualche

---

143 Il Boccaccio nel *Buccolicum carmen* (VI 156) dà appunto « frigias dammas ». Per *damma* maschile cfr. VIRGILIO, *Buc.*, VIII 28 e *Georg.*, III 539: l'autore del *Carmen* era un virgilianista che sapeva il fatto suo.

144 Il Boccaccio nel suo *Buccolicum carmen,* riprendendo quello stilema, non accoglie « molosso » come aggettivo (XV 71: « dente molossus »; tre versi prima ricorre un'altra certa eco di questa corrispondenza eglogistica).

145 *Carmen de virg.,* v. 1478 (il riscontro – con altri, interessanti queste egloghe, anche dal medesimo Aldelmo – è acutamente segnalato da CECCHINI, *Giovanni Del Virgilio...,* p. 56 n. 2).

chiosa esplicativa (per lo più un lemma) negli spazi interlineari ed anche di qualche breve nota informativa sui margini è cosa che rientra in una consuetudine che conosce esempi lungo i vari secoli.[146]

Nelle glosse apposte ai carmi eglogistici nello Zibaldone Laurenziano sono dunque individuabili tre distinti strati: se alcune poche annotazioni sono con ogni verosimiglianza attribuibili allo stesso Boccaccio, che le inserì copiando quei testi nel 1339 circa, le glosse nel loro insieme appartengono ad un postillatore che ne corredò quei testi, anche per impegno scolastico, tra il 1334 e il 1339 (periodo verisimilmente restringibile tra il 1335 e il 1338): queste chiose però accolgono, e in parte rielaborano, ampliano, arricchiscono, alcune glosse interlineari [147] (ma probabilmente anche altre, informative, presenti sui margini) che erano già nell'archetipo da cui è discesa tutta la tradizione a noi nota. Il ramo di cui fanno parte i manoscritti Estense ed Oratoriano lasciò cadere quel primo strato di chiose: tranne però alcune, entrate erroneamente nel testo perché ritenute correzioni d'autore. Il che significa che l'antigrafo del codice che ha dato origine a quella famiglia dovette apparire, in quanto presunto portatore di correzioni d'autore, l'originale, o quanto meno una copia riveduta dall'autore stesso. Non era, naturalmente, né l'uno né l'altra: ma certo copia all'originale assai vicina, come assai vicino dovette essere anche l'antigrafo di cui si servì il postillatore.[148]

---

[146] Mi limito qui a dare un solo esempio, che mi pare particolarmente significativo sia perché essendo relativamente tardo attesta la vitalità della tradizione sia soprattutto perché quelle chiose sono singolarmente affini, per vari aspetti, a queste (intendo dire che si ispirano a medesimi criteri): nell'autografo conservato alla Biblioteca Naz. Marciana, lat. XII 155 (= 3953), ff. 27v-39r, accanto alle *Satire* di Gregorio Correr compaiono, anch'esse di mano dell'autore, brevi chiose, del tipo: *doctior* (sopra « melior », I 111), *divitem* (sopra « beatum », II 53), *errore* (sopra « fraude », IV 17), *sepulto* (sopra « composito », IV 162), ecc.; oppure *pro inducit* (sopra « deducit », I 114), *pro ambos* (sopra « ambo », IV 40), ecc.; e brevi integrazioni, come *hoc* (sopra « laudas », IV 18), *sunt* (sopra « hi qui », IV 164), *ob* (sopra « hoc », V 59), *te* (sopra « laxes », V 81), *detrahere* (sopra « si posset », V 60), ecc. Altre chiose sono dichiaratamente esplicative, come *sapienter dicebat* (a margine di « canebat », IV 59 e V 45), *animi* (sopra « aegritudinem », IV 65), *animi magis an corporis* (sopra « aegrotare putas », IV 87). Non mancano, ad evitare confusioni, la segnalazione del caso (*nominativus*, sopra « plebes , V 64) o l'informazione erudita (*iambus torquetur quando pro eo locis paribus ponitur anapaestus*, a margine di « raro torquetur iambus », VI 85), oltre, naturalmente, a notizie personali (*nomen catuli mei*, sopra « Berinae », II 29). Le *Satire* del Correr (e relative chiose) sono state edite da J. R. Berrigan, *Gregorii Corrarii veneti Liber Satyrarum*, in « Humanistica Lovaniensia », XXII, 1973, pp. 10-38.

[147] Queste stratificazioni possono spiegare il caso curioso della doppia chiosa *ad* I 9: sopra *Sphyngos* si legge la chiosa interlineare « monstrum tebanum », resa inutile dalla glossa a margine (evidentemente più tarda): « Spinx fuit quoddam monstrum quod morabatur in quodam passu... ».

[148] Sicché lo « stemma codicum » (omettendo qui per semplicità il ramo dei mano-

Siamo così risaliti ben appresso allo scrittoio dal quale il maestro bolognese intrecciò col vate fiorentino e poi col laureato padovano una corrispondenza in versi che ripropose ai letterati un genere da tanti secoli non più udito, e che ora trovava autorevolmente nuove voci, e che da Dante a Giovanni Del Virgilio al Boccaccio al Petrarca sarebbe stato tosto consegnato all'Europa.

---

scritti poi discesi dallo Zibaldone boccacciano, indicato con Z, o da sue copie) risulta essere il seguente:

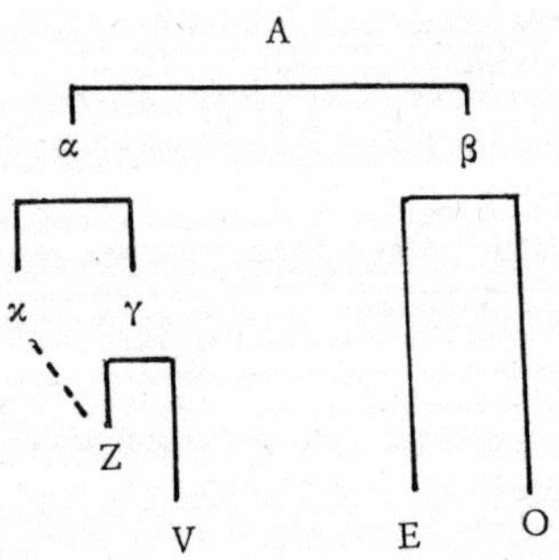

Gioacchino Paparelli

DUE MODI OPPOSTI DI LEGGERE DANTE: PETRARCA E BOCCACCIO

Quello che è stato definito « il più avventurato incontro della nostra letteratura » [1] avvenne in un freddo pomeriggio « di primo ottobre » (*iam seviente bruma*) [2] del 1350, in occasione del viaggio del Petrarca a Roma per il Giubileo.

Già nel corso dell'estate aveva ricevuto una epistola metrica (oggi perduta) da parte di un tal Giovanni Boccaccio da Certaldo che si professava suo devoto ammiratore e discepolo. Sensibile com'era alle lodi e al buon latino, aveva risposto a sua volta con una epistola metrica (anche questa perduta). Ora se lo vedeva venire incontro « parecchie miglia fuori di Firenze » ansioso di conoscere di persona colui al quale – come confesserà a Francescuolo di Brossano, genero del Petrarca – si sentiva legato già da una quindicina d'anni, tanto da averne composto un « commosso ed enfatico » profilo biografico (*De vita et moribus domini Francisci Petracchi*). [3]

A Firenze si fermò solo qualche giorno, ospite appunto del Boccaccio, ma fece in tempo a venire in contatto con il piccolo *clan* dei suoi ammiratori fiorentini, del quale Boccaccio potrebb'essere definito il *leader*, composto di uomini il cui nome ricorrerà spesso – se così si può dire – nelle cronache letterarie del tempo e certamente nelle lettere

---

[1] V. Branca, *Profilo biografico del Boccaccio*, nell'antologia *Tutte le opere*, Brescia, « La Scuola » Editrice, 1969, p. 41.

[2] *Famil.*, XXI, 15. Cfr. V. Branca, *Profilo biografico*, in *Tutte le opere di G. B.*, Milano, Mondadori, 1967, vol. I, pp. 3-199 (a p. 84); E. H. Wilkins, *Vita del Petrarca e La formazione del « Canzoniere »*, a cura di R. Ceserani, Milano, Feltrinelli, 1970, p. 127; G. Billanovich, *Petrarca letterato*: I. *Lo scrittoio del Petrarca*, Roma, Ediz. di « Storia e Letteratura », 1947, p. 93.

[3] Branca, *loc. cit.* alla nota 1.

dei due grandi: Zanobi da Strada, Francesco Nelli, Lapo da Castiglionchio. Non poté conoscere, e certamente se ne dolse con gli altri, Bruno Casini che nel 1348 gli aveva inviato – unitamente a Zanobi – una epistola metrica: se l'era portato via la famosa peste che fa da sfondo al *Decameron*, la stessa che, imperversando per l'Europa, aveva spento i celesti occhi di Laura.

Ripartì intorno al 12 ottobre portando con sé un anello donatogli da Boccaccio. Di ritorno da Roma si fermò ancora per breve tempo a Firenze (probabilmente ancora in casa di Boccaccio) e ne ripartì portando seco la copia delle *Institutiones oratoriae* di Quintiliano, donatagli da Lapo da Castiglionchio.

Così cominciò l'amicizia tra i due uomini più rappresentativi della cultura italiana del tempo: un'amicizia fatta ovviamente di affetto e stima reciproci, di devozione e rispetto da parte del più giovane (più giovane poi di soli nove anni) e non ancora affermato Boccaccio (*padre* e *maestro* sono gli attributi con i quali si rivolge abitualmente a lui), di premure e consigli non senza un po' di sufficienza da parte del Petrarca già famoso, ricercato e riverito da principi e prelati in ogni parte d'Europa; un'amicizia lunga e proficua, destinata a farsi tanto stretta da far dire più volte al Petrarca ch'essi erano un'anima sola in due corpi,[4] e tuttavia non priva di momenti e situazioni alquanto difficili. Il rispetto e la devozione non toglievano a Boccaccio indipendenza di giudizio e libertà di manifestarlo. Il diverso atteggiamento dei due nei rispetti di Dante ne è forse la manifestazione più clamorosa.

* * *

I due si rividero più a lungo nella primavera dell'anno seguente, quando Boccaccio ebbe l'incarico di portare a Petrarca, che allora dimorava in Padova, una lettera – da lui stesso redatta – dei Priori delle Arti e del Gonfaloniere di Giustizia, con la quale si offriva al poeta asilo in Firenze con l'impegno di affidargli una cattedra nell'università istituita due anni prima con decreto di papa Clemente VI e di restituirgli i beni confiscati al padre nel 1302. Della questione si era vagamente parlato durante il suo soggiorno a Firenze. Ora essa veniva tradotta in un documento ufficiale. A Padova Boccaccio si trattenne

---

[4] Cfr. *Senil.*, I, 5: « seiuncti licet corporibus unum animo »; *Senil.* III, 3: « nos unius quasi bicorporis animi reddidisset ».

per parecchi giorni ed ebbe col Petrarca diversi incontri da lui stesso rievocati in una successiva lettera (*Epist.* IX) datata Ravenna, 18 luglio 1353.

Fu allora, con ogni probabilità, che egli ebbe modo di constatare che nella biblioteca dell'illustre amico – fra tanti libri raccolti da ogni parte d'Europa – mancava la *Commedia* di Dante Alighieri. Tornato a Firenze, gli mandò un esemplare del poema dantesco (che è stato identificato nel Cod. Vat. Lat. 3199) accompagnandolo con un *carmen laudatorium.* [5]

---

[5] Vi è qualche discordanza fra gli studiosi circa la datazione del carme. Il Del Balzo (*Poesie di mille autori intorno a Dante Alighieri*, Roma, 1889, vol. II, p. 140) – che ne riproduce il testo dalla edizione della *Commedia* a cura di A. Fantoni, Roveta, 1820, p. xxvii – lo data 1359 (anno in cui Boccaccio fu ospite di Petrarca a Milano per circa un mese). La stessa data viene indicata da E. Bianchi in nota alla lettera di risposta a Petrarca (*Famil.*, xxi 15) nella edizione ricciardiana delle *Prose*, p. 1002: « dopo una visita del Petrarca a Milano nel 1359, il Boccaccio gli mandava una copia del poema di Dante insieme con un'epistola in versi... ». Anche U. Bosco già nel profilo del Petrarca scritto per *I maggiori* dell'ed. Marzorati, vol. I, p. 118 e ora in *Francesco Petrarca*, Bari, Laterza, 1973, p. 263: « A Milano anche riceve, nella primavera del '59, una nuova visita del Boccaccio, ormai rassegnatosi al soggiorno milanese dell'amico; al quale, di ritorno a Firenze, il Boccaccio invia copia della *Commedia* dantesca che stranamente mancava tra i molti libri del poeta ». Invece V. Branca nel profilo del Boccaccio per gli stessi *Maggiori*, vol. I, p. 205 e ora nella introduzione all'antologia *Tutte le opere*, Brescia, La Scuola, 1969, p. 44: « E nel 1351 gli aveva donato, con trepida emozione, ma con franca insistenza, un altro volume sacro: la *Divina Commedia*, accompagnandola con il carme famoso *Ytalie iam certus* ». Secondo G. Billanovich (*Lo scrittoio del P.* cit., p. 162) la copia del poema dantesco fu recata al Petrarca nel 1351 da Forese Donati, pievano di Santo Stefano in Botena, che accompagnava il vescovo Angelo Acciaioli ad Avignone; e il carme fu composto « subito dopo l'incontro col Petrarca a Padova nell'aprile 1351... (e non dopo l'incontro a Milano nel marzo 1359) » (*Prime ricerche dantesche*, Roma, Storia e Letteratura, 1947, p. 55 n.). Per F. Di Pretoro (*La Divina Commedia nelle sue vicende attraverso i secoli*, Firenze, Le Monnier, 1965, p. 7) l'invio avvenne « in una data imprecisata, che cade forse tra il luglio 1351 e il principio del 1353 ». Ma il contrasto è solo apparente. Wilkins, *Vita del Petrarca* cit., p. 214, parlando della lettera (oggi perduta) inviata da Boccaccio a Petrarca da Firenze « all'inizio di maggio » 1359 (dopo la visita a Milano), nella quale si parlava di Dante, dice che ad essa era allegata « un'*epistola metrica* su questo argomento indirizzata al Petrarca e già inviatagli in precedenza, ma che nel frattempo è stata riscritta ». Tutto considerato, restano valide le precisazioni di A. F. Massera (*Opere latine minori*, Bari, Laterza, p. 294): « Fu composto per accompagnare un esemplare del poema dell'Alighieri destinato in dono al Petrarca, ed infatti il donatore lo fece trascrivere appunto nel riguardo del prezioso volume, Vaticano Lat. 3199. Questa è la prima redazione del carme; qualche anno più tardi il Boccaccio vi tornò sopra e, introdottavi una variazione sostanziale e due ritocchi formali, lo ricopiò di proprio pugno in un *corpus* di scritti danteschi oggi perduto, da cui la poesia fu trascritta sui primi del Quattrocento nel ms. Palatino 323 della Nazionale Centrale di Firenze e altrove; un'ulteriore replica del *corpus* predetto, ancora di mano del Boccaccio, si ha nel Chigiano L V 176 (*Ch*)... Il carme fu composto con ogni probabilità tra l'estate del 1351 ed il maggio del '53, tempo dell'ultimo soggiorno avignonese del Petrarca, e fu rielaborato poi nel 1359; ambedue le volte fu inviato al destinatario: la prima nella trascrizione fattane dentro il volume dantesco, la seconda insieme con un'epistola oggi smarrita, alla quale ultima oltre che ai versi, rispose il Petrarca con la sua *Fam.*, xxi 15 ». Il testo, secondo la redazione definitiva del 1359, nello stesso vol. *Opere latine minori* cit., p. 96.

In esso il Boccaccio si rivolge a Petrarca chiamandolo

Ytalie iam certus honos, cui tempora lauro
Romulei cinxere duces...

(anche nel congedo dirà: *et, magne, vale, decus Urbis et orbis*) e lo prega di gradire questo poema ch'egli definisce – si badi bene – *gratum doctis* e *vulgo mirabile.* Sono due attributi – dottrina e popolarità – sostanzialmente opposti che in Dante eccezionalmente coincidono. Questo duplice riconoscimento è anche – come si ricorderà – nell'epitaffio di Giovanni del Virgilio per la morte di Dante, dove il poeta è detto *nullius dogmatis expers* e al tempo stesso *vulgo gratissimus auctor.* La coincidenza ritorna al verso 19: *theologi vatisque* (che ancora ricorda *Theologus* e *gloria Musarum* dell'epitaffio) e ancora, con qualche differenza, al v. 37: *doctum satis pariterque poetam.* Ciò dico – beninteso – non per portare acqua al mulino di chi ritiene lo stesso Boccaccio autore dell'epitaffio di Giovanni del Virgilio, ma per pura e semplice verifica di coincidenze testuali (del resto già indicate da Billanovich), delle quali altri saprà valutare il peso e il significato in sede opportuna. Boccaccio definisce la *Commedia* opera unica nel suo genere, non paragonabile a quante altre mai furono scritte nei secoli

... nullis
ante, reor, simili compactum carmine seclis

e si rammarica che Dante – a causa dell'esilio – non abbia ricevuto la corona d'alloro. Inoltre egli afferma che l'Alighieri volle mostrare quanto potea la lingua nostra (*quid metrum vulgare queat monstrare modernum*), ma che avrebbe benissimo potuto esprimersi in latino, se avesse voluto: soltanto gl'invidiosi – dice – possono affermare il contrario.[6] Dalla risposta (*Famil.*, XXI 15 cit.) di Petrarca risulta che di tutto ciò i due amici avevano parlato a voce poco prima (*que singula nuper transegimus*), con ogni probabilità a Milano nell'aprile del 1359. E nella lettera di accompagnamento (oggi smarrita) Boccaccio doveva

---

[6] Non sposta i termini della questione la variante cosiddetta beccadelliana:

quo numquam doctius ullis
ante reor simili compactum carmine saeclis

adottata da Lodovico Beccadelli nella sua *Vita del Petrarca* edita dal Tommasini in *Petrarca redivivus*, Padova, Paolo Frambotti, 1650, più volte ristampata e riportata anche dal Del Balzo, *op. cit.*, pp. 141 sgg., con alcune considerazioni di Giambattista Gandino, il quale avverte (p. 144) che la variante in questione « porta le vestigia d'una seconda mano, con cui si volle correggere il poco regolare costrutto dell'altra lezione ».

aver cercato di rabbonire l'amico scusandosi di essersi spinto troppo oltre nelle lodi di Dante.

A ciò infatti si riferisce esplicitamente Petrarca:

> Primum ergo te mihi excusas, idque non otiose, quod in conterranei nostri – popularis quidem quod ad stilum attinet, quod ad rem haud dubie nobilis poete – laudibus multus fuisse videare.

E da ciò che dice poco dopo si desume che Boccaccio aveva definito Dante sua prima guida negli studi e prima face:

> Inseris nominatim hanc huius officii tui excusationem, quod ille tibi adulescentulo primus studiorum dux et prima fax fuerit.

Questa lettera fu definita da Foscolo un « fascio di contraddizioni, d'ambiguità e d'indirette difese di sé ».[7] Gianfranco Contini, parla di « ambiguità psicologica ».[8] A me, francamente, pare un capolavoro di ipocrisia! E la difesa che ne fece, traducendola, Carducci risultò tanto poco persuasiva da far dire a Del Balzo che egli « pare un abile avvocato che difenda un imputato che non sia stato felice nel suo interrogatorio ».

Da Foscolo stesso fu anche notato che essa « accenna all'individuo per circonlocuzioni, come se il nome ne fosse soppresso per cautela o paura ». E in effetti il nome di Dante è così rigorosamente taciuto, che il Tiraboschi poté addirittura credere che nella lettera non si parlasse di lui. Certo è che la voce dell'invidia di Petrarca per Dante – benché egli si affretti a dire che nulla gli è più estraneo d'un tal sentimento (*nulla michi pestis ignotior invidia est*) – doveva essere abbastanza diffusa, dal momento che egli stesso la definisce *vulgatam* (e sia pure *insidiose... penitusque malivole*) *opinionem*. Sono – precisa Petrarca – coloro che mi odiano (*qui me oderunt*) a dire che io odio e disprezzo lui (*me illum odisse atque contemnere*); lo fanno per suscitarmi contro l'odio di quel volgo al quale egli piace tanto (*michi odia vulgarium conflent quibus acceptissimus ille est*). Queste ultime parole richiamano il *vulgo mirabile* del carme boccacciano (e indirettamente il *vulgo gratissimus* – o *clarissimus* – di Giovanni del Virgilio). La differenza sta nel fatto che per Petrarca non costituiscono affatto un elogio.

---

[7] U. Foscolo, *Parallelo fra Dante e Petrarca*, in *Opere*, ed. naz., Firenze, Le Monnier, 1953, vol. X, p. 280.

[8] G. Contini, *Letteratura italiana delle origini*, Firenze, Sansoni, 1970, pp. 673-678 (p. 663).

Dalla lettera apprendiamo anche che Petrarca da ragazzo ha conosciuto, sia pure di sfuggita, Dante (forse a Pisa nel 1311, quando Petrarca aveva 7 anni). Come potrebbe odiare un uomo che ha visto appena una volta quando era bambino (*numquam michi nisi semel, idque prime pueritie mea parte, monstratum*)? Semmai avrebbe avuto motivo di nutrire affetto per lui.

Dante infatti visse in esilio con il nonno e il padre di lui – più giovane del primo, più vecchio del secondo (*avo minor, patre autem natu maior*) – cacciato dalla patria nello stesso giorno e per le stesse ragioni politiche (*uno die atque uno civili turbine*). Quest'ultima notizia non è del tutto esatta. Dante fu bandito nel gennaio 1302, ser Petracco nell'ottobre dello stesso anno.[9] Anche le motivazioni furono diverse; ma ciò conta poco in clima di rivolgimenti politici. Né bisogna dimenticare che qui Petrarca riferisce per sentito dire fatti avvenuti prima della sua nascita (o nella primissima infanzia).

Anzi – continua Petrarca – essi furono amici sia perché compagni di sventura, sia perché avevano in comune l'ingegno e gli studi (*quibus esset preter similem fortunam studiorum et ingenii multa similitudo*). L'accostamento pare azzardato e forse si spiega con l'amor filiale. D'altro canto è pur vero che ser Petracco fu uomo non privo di curiosità intellettuali, tanto da essere da qualcuno identificato con l'umanista Pietro Parenti. Una differenza, tuttavia, sussiste tra i due; e Petrarca non manca di sottolinearla: mentre il padre, pensoso della famiglia, si rassegnò all'esilio, Dante, con maggiore ardore si dedicò agli studi, incurante di tutto e desideroso soltanto di gloria. Di ciò Petrarca dice che non saprebbe abbastanza ammirarlo e lodarlo (*mirari et laudare vix valeam*); ma *familie solicitus* detto del padre e *omnium negligens soliusque fame cupidus* detto di Dante stabilisce tra i due un contrasto troppo netto perché non s'avverta da qual parte penda il giudizio di chi scrive. E qui mi sembra di poter azzardare l'ipotesi che, se Petrarca non possedeva la *Divina Commedia* al tempo della prima stesura del carme boccacciano, l'avesse comunque letta quando scriveva questa lettera di risposta alla seconda redazione di esso. Le parole con cui defi-

[9] Questa è la data comunemente indicata dai biografi e dagli studiosi di Petrarca. Tuttavia CONTINI (*op. cit.*, p. 674, n. 6) afferma: « ma egli fu bandito dopo l'Alighieri, nell'ottobre 1304, esattamente tre mesi dopo la nascita del figlio ». E sottolinea: « Ad accomunare le sorti di Dante e di Petracco fu solo (nel 1311) la cosiddetta riforma di Baldo d'Aguglione ».

nisce l'*amor gloriae* di Dante sembrano infatti riecheggiare quelle con cui lo stesso Dante aveva definito l'*amor gloriae* di Ulisse:

« Non civium iniuria, non exilium, non paupertas, non simultatum aculei, non amor coniugis, non natorum pietas ab arrepto semel calle distraheret ».

Il tono del discorso è elogiativo; ma, se si tien conto del riconoscimento al padre *familie solicitus* e di ciò che lo stesso Petrarca dice nel *Secretum* a proposito dell'*amor gloriae*, non si stenta a scorgere sotto la patina dell'elogio il senso vero della contrapposizione. L'uomo di successo, il conformista, l'intellettuale – diremmo noi oggi – perfettamente integrato nel sistema non poteva non guardare senza riserve al vinto, al ribelle, all'irregolare. E forse in cuor suo rivolgeva con gratitudine un pensiero al padre per non averne seguito l'esempio.

È vero – ammette Petrarca – che nella sua ricca biblioteca ha trovato modo di raccogliere opere ritenute ormai introvabili (*quorum pene nulla spes supererat*), mentre proprio del poema dantesco – ch'era alla portata di tutti (*sine difficultate parabili*) – può sembrare che non si sia curato (*novo quodam nec meo more tepuerim*); ma ciò è accaduto per ragioni ben diverse da quelle che gli vengono attribuite (*Factum fateor, sed eo quo isti volunt animo factum nego*).

Qui il suo discorso riesce francamente ben poco persuasivo, anzi pervaso di un tal senso di distacco e di sufficienza, da indurre a credere ch'egli avesse pienamente ragione di negare ogni sua invidia per Dante: si trattava piuttosto d'una totale incomprensione. Dice infatti Petrarca che, quando coltivava lo stesso genere di poesia e anch'egli scriveva in volgare né aspirava a mete più alte (*necdum altius aspirare didiceram*), non volle leggere Dante (e altri poeti) per timore di restarne condizionato e diventare – senza volerlo e senz'accorgersene – un imitatore (*invitus ac nesciens imitator evaderem*). La sua giovanile baldanza (*iuvenilis animi tumor*) lo portava a credere di poter farsi uno stile tutto proprio con l'ingegno e senza l'aiuto di alcuno (*sine cuiusquam mortalis auxilio in eo genere ad meum et proprium quendam modum suffecturum michi ingenium arbitrarer*). Ma, ora che si sente ben lontano da tali preoccupazioni (*ab his curis longe sum*) e ha completamente mutato stile e indirizzo (*totus inde abii*), non ha più nulla da temere (*sublatusque quo tenebar metus est*). Perciò può ben accogliere senza riserve tutti gli altri poeti e Dante prima d'ogni altro (*alios omnes et hunc ante alios tota mente suscipio*).

Il poeta laureato, l'autore dell'*Africa* e del *Secretum*, può ben lasciare a Dante la palma della poesia volgare, anzi più propriamente della eloquenza volgare (*vulgaris eloquentie palma*), senza timore che la propria fama ne resti in qualche modo scalfita.

E tuttavia i termini, in cui questo riconoscimento – questa sorta, diciamo meglio, di volontaria rinunzia – viene enunciato, contano anche più dei sentimenti, quali che si fossero, che Petrarca nutriva per Dante: della presunta o reale invidia di lui possono darci una spiegazione meno psicologica (diciamo pure meno pettegola), più storica e razionale che per altra via non sia accaduto di fare.

Non è più questione di latino o di volgare, di generi più o meno commensurabili di poesia. Petrarca – a parte ogni possibile idea di superiorità implicita in una tale formulazione – sembra proprio voler dire che prima faceva il poeta, mentre ora fa il critico: « Io, che mi offrivo al giudizio altrui, ora in silenzio giudico gli altri » (*iam qui aliis iudicandum dabam, nunc de aliis in silentio iudicans*...).

Questa posizione è estremamente interessante, ai fini del nostro discorso, per un duplice motivo.

Innanzi tutto qui Petrarca enuncia – in termini ciceroniani – un concetto rigorosamente razionale di critica: critico, per lui, è infatti colui che conosce il segreto della poesia, che sa donde nasca quel diletto che gli altri provano senza sapersene spiegare la ragione (*illorum aures mulcet, sed obstructis ingenii tramitibus in animum non descendit*).

In secondo luogo – una volta assunta questa posizione da « esperto », da iniziato e insomma da *auctoritas* in materia di poesia – egli può parlare *ex cathedra* all'indirizzo degli sciocchi lodatori di Dante i quali non sanno mai perché lodano e perché biasimano (*quid laudent quidve improbent ex quo nesciunt*), e – ciò che costituisce la più grave ingiuria che si possa fare a un poeta – fanno strazio dei suoi versi recitandoli (*scripta eius pronuntiando lacerant atque corrumpunt*).

Così proprio Petrarca è il primo ad avvertire in termini critici – e non semplicemente aneddotici come Franco Sacchetti – l'esigenza di una restaurazione testuale della *Commedia*. Ed è un vero peccato che egli s'affretti ad aggiungere d'essere troppo preso da altri interessi per poter farne vendetta (*nisi me meorum cura vocaret alio, pro virili parte ab hoc ludibrio vendicarem*). È vero ch'egli dice che anche ai propri scritti volgari è toccata la medesima sorte, anzi precisa che proprio questo timore lo aveva indotto ad abbandonare la poesia volgare; ma – a quanto pare – il fastidio per lo scempio dei propri versi è meno forte dello sdegno vero e proprio ch'egli prova per i versi di Dante malamente recitati (e celebrati) dal popolo. Quello sfuma in una pacata citazione virgiliana:

dappertutto schiere d'ignoranti, dappertutto il mio Dameta che suole nei trivii
su stridente zampogna spargere al vento miseri carmi;

questo si traduce in espressioni d'un realismo a volte persino eccessivo:

Non mi resta che dolermi e disgustarmi che il volto nobile della sua poesia sia sputacchiato e insozzato dalle rozze lingue di costoro (*illius egregiam stili frontem inertibus horum linguis conspui fedarique*).

Su un punto, comunque, non si può dargli torto: quando dice a Boccaccio:

Tu dici che Dante, se avesse voluto, avrebbe potuto anche scrivere in latino; ma sta di fatto che ha scritto in volgare.

Così la questione dell'invidia e dell'antipatia e insomma dell'insofferenza di Petrarca per Dante, superata sul piano psicologico, si ripropone a livello tecnico e in termini che, lungi dall'eluderla o sfumarla, addirittura tendono a legittimarla. Certe espressioni denunciano un vero e proprio complesso di superiorità:

Ma ora basta con queste quisquilie (*iam satis de re modica*) che non meritavano d'essere prese tanto sul serio: il tempo passa e più non ritorna: meglio impiegarlo in cose più serie ... Chi mi attribuisce odio e chi disprezzo per quest'uomo del quale a posta non faccio il nome, perché il volgo che tutto ascolta e nulla capisce (*cuncta audiens nichil intelligens*) non vada dicendo che io lo denigro; altri dicono che lo invidio, e sono proprio quelli che invidiano me e il mio nome (*qui michi meoque nomini invident*).

Come potrebbe nutrire invidia – lui, Petrarca – per uno che ha dedicato tutta la vita a quegli studi ai quali egli ha dedicato appena il primo fiore (*adolescentie florem primitiasque*)?

Quello che per Dante è stato, se non l'unico, certo il principale impegno artistico (*artificium nescio an unicum, sed profecto supremum fuit*), per lui sarebbe appena un passatempo, un esercizio intellettuale, un *hobby* (*michi iocus atque solatium fuerit et ingenii rudimentum*).

Non invidia nemmeno Virgilio; perché dovrebbe invidiare a Dante l'applauso e le rauche grida dei tintori (*fullonum*), degli osti (*caupo-*

num), dei lanaiuoli (*lanistarum*)[10] e d'altra gente simile le cui lodi costituiscono offesa? Di queste lodi egli fa volentieri a meno, anzi si compiace di esserne privo come ne son privi Virgilio e Omero: egli sa bene quanto valga per i dotti la lode degli ignoranti (*quanti sit apud doctos indoctorum laus*).

Dato il tipo della lettera e il carattere dell'autore, non c'è da aspettarsi che il Petrarca confessi apertamente la propria antipatia o scarsa stima per Dante. Egli nega di aver mai parlato di lui se non in maniera più che rispettosa (*neque de hoc unquam me nisi magnifice loqui solitum*); ammette soltanto di aver detto – e conferma – che Dante è inferiore a se stesso (*sibi imparem*) perché più eccelle (*clarior atque altior assurgit*) negli scritti in volgare che in quelli in poesia o in prosa latine. Dichiara – anzi giura – che gli piacciono l'ingegno e lo stile di lui (*Iurato michi fidem dabis, delectari me hominis ingenio et stilo*) ed enfaticamente proclama: « Da parte mia lo ammiro e lo amo, non lo disprezzo » (*miror ego illum et diligo, non contemno*); ma subito dopo, mentre afferma che, se Dante fosse vissuto più a lungo (strana ipotesi, per uno che era morto da più di trent'anni), sarebbe certamente diventato suo amico, fa pure la sua brava riserva: « se – dice – mi fosse piaciuto per i costumi come mi piace per l'ingegno » (*Si quantum delectat ingenio, tantum moribus delectaret*).

Quello dei costumi (la lussuria, soprattutto!) – si sa – è il tallone d'Achille di Dante; il motivo al quale s'appuntarono gli strali dei suoi nemici, le concessioni che anche i suoi biografi più entusiasti sono costretti a fare alla morale dei benpensanti.

Si ricorderà Boccaccio: « Tra cotanta virtù, tra cotanta scienzia, quanta dimostrato è di sopra essere stata in questo mirifico poeta, truovò ampissimo luogo la lussuria, e non solamente ne' giovani anni, ma ancora ne' maturi »; con tutta quella tirata – per altro soppressa nella redazione compendiosa – sulla « poca fermezza », sul « bestiale

---

[10] Il BIANCHI (ediz. Ricciardi *cit.*, p. 1010) traduce *lanistarum* « dei lottatori » e avverte in nota di averlo fatto « più per scrupolo che per convinzione », non volendo scostarsi dal significato della parola latina che presso i romani indica propriamente il maestro dei gladiatori; e avanza l'ipotesi « che si debba pensare a un equivoco del Petrarca e tradurre dei *lanaiuoli* come fece il Fracassetti ». Ipotesi che a me sembra ragionevole (specialmente in rapporto a *fullonum*) e potrebbe essere indirettamente confermata dalla ripresa di questo motivo per bocca del Niccoli nei *Dialogi ad Petrum Histrum* del Bruni, che dice: *lanariis*. Carducci tradusse: « beccai ». La traduz. « lottatori » è accolta con qualche riserva da CONTINI (*Letteratura delle origini* cit., p. 677, n. 12), che avanza l'ipotesi d'una « metafora (anche ciceroniana e liviana) » per *esortatori alla lotta*: che siano i moderni *tifosi*?

appetito », sulle « femmine », con richiami a Giove, a Ercole, a Paride, a David, a Salomone, a Erode i quali dovrebbero far sì che « con assai meno curva fronte che solo, può passare il nostro poeta ». [11]

Così, senza volerlo, è lo stesso Petrarca a proporre quel tema del parallelo fra Dante e lui destinato a continuarsi in Coluccio Salutati, [12] in Leonardo Bruni, [13] in Giovanni Pico [14] e così via, fino a trovare la sua formulazione – per così dire – definitiva nel saggio famoso del Foscolo.

Ma nessuno lo enuncia in termini più incisivi di Benvenuto da Imola: [15]

> Quanto Petrarca fuit maior orator Dante, tanto Dante fuit maior poeta ipso Petrarca.

Se non fosse per l'anacronismo, verrebbe quasi voglia di pensare a De Sanctis. In realtà Benvenuto non faceva che applicare a Dante la questione posta da Floro a proposito di Virgilio: *Vergilius poeta an orator?*

* * *

Confrontando ora il carme del Boccaccio con l'epistola del Petrarca, si può vedere appieno quella che Vittorio Rossi definì « l'incompatibilità estetica fra i due spiriti magni ». È sorprendente come quella totale

---

[11] G. B., *Trattatello in laude di Dante* nel vol. di A. SOLERTI, *Le vite di Dante, Petrarca e Boccaccio*, Milano, F. Vallardi, s.a. (ma 1904), p. 31. Cfr. la ediz. a cura di P. G. RICCI nel vol. IX della « Letteratura Italiana: Storia e testi », Milano-Napoli, Ricciardi, 1965, pp. 565-650 (a p. 627 sgg.).

[12] C. SALUTATI, *Epistolario*, ed. Novati, Roma, Forzani, 1891-1911, vol. I, p. 176; vol. II, p. 78; vol. III, p. 84; vol. III, p. 371.

[13] L. BRUNI, *Vita del Petrarca*, nel cit. vol. del SOLERTI, p. 293: « Se in filosofia ed in astrologia e nell'altre scienze matematiche fu più dotto Dante, che il confesso e consento: dir si può che in molte altre cose il Petrarca fu più dotto che Dante perocché nella scienza delle lettere e nella cognizione della lingua latina Dante fu molto inferiore al Petrarca. Nel dire volgare, il Petrarca in canzone è pari a Dante; in sonetti il vantaggia: confesso niente di manco che Dante nell'opera sua principale vantaggia ogni opera del Petrarca ».

[14] Cfr. la lettera a Lorenzo de' Medici in *Prosatori latini del Quattrocento* a cura di E. GARIN, Milano-Napoli, Ricciardi, 1952, pp. 797-804, in cui si legge tra l'altro che « fra i dotti alcuni rilevano un certo difetto di contenuto in Petrarca, di forma in Dante » (« esse in eruditis qui res in Francisco, verba in Dante desiderent »); « Petrarca talora non corrisponde alle promesse, seduce a prima vista senza poi soddisfare a pieno, laddove Dante può a volte urtare in un primo incontro, mentre giova a chi va a fondo » (« Franciscum quandoque non respondere pollicitis, habentem quod allectet in prima specie, sed ulterius non satisfaciat; Dantem habere quod in occursu quandoque offendat, sed iuvet magis intima persuadentem »).

[15] BENEVENUTUS DE IMOLA, *Comentum super Dantis Aldigherii Comoediam*, curante J. Ph. Lacaita, Firenze, Barbera, 1887, vol. I, p. 309.

amicizia, quel loro sentirsi *seiuncti licet corporibus unum animo* (*Seniles*, I 5), si trasformi in una irrimediabile incomprensione, in una vera e propria incomunicabilità, quando si parla di Dante.

A ben pensarci, l'incomprensione non è tra Petrarca e Boccaccio, bensì tra Petrarca e Dante (o, per essere più esatti, tra Petrarca e il « poema sacro »). L'autore del *De otio*, del *De vita solitaria*, del *Secretum* non era il più adatto a capire quella compromissione totale, quell'impegno che sta alla base della *Commedia* dantesca. Una frase soprattutto colpisce, nella lettera or ora analizzata: là dove dice che i poeti più dei prosatori, dovendo badare al ritmo oltre che al concetto e alle parole, hanno bisogno di quiete e di silenzio (*quiete ante alios et silentio opus est*). Confessione veramente esemplare di una poetica di evasione, alla cui base sta il gusto – tra il monastico e l'umanistico – dell'*otium* e del *vivere sibi et Musis*, in radicale contrapposizione alla « storicità » e all'aggressività del poema dantesco. Il suo lettore ideale – quale viene tratteggiato in un'altra lettera (*Famil.*, XIII 5) è colui che non sia preoccupato dagli affari e dalle cure del patrimonio, non pensi alle nozze della figlia o alla notte con l'amante o alle insidie del nemico o al processo o alla casa o al podere o al tesoro.

Confessione anche più significativa, egli non vuole che il suo lettore apprenda senza fatica ciò egli ha scritto con fatica.

Poetica aristocratica, dunque, che lo porterà a rifugiarsi nel latino non tanto perché veramente persuaso della costituzionale inferiorità tecnica del volgare (risulta anzi che – ad onta delle dichiarazioni teoriche – continuò a comporre in volgare fino agli ultimi giorni), quanto perché il latino rispondeva a quell'oraziano dispregio del volgo profano che è atteggiamento dominante della vita e dell'opera sua. Come ha ben ricordato Umberto Bosco, [16] a un certo punto « si risolve a non scrivere più lettere, non solo per non essere tolto a studi più gravi, ma anche perché le sue scritture non cadano tra le mani d'ignoranti intercettatori » (*Sen.*, XVII 3). In un passo dei libri *Rerum memorandarum* (I 37, 9) ricorda di aver preferito Roberto d'Angiò alla corte di Francia non solo perché lì sarebbe stato « inutile a un re illetterato », ma perché nelle corti nulla avrebbe capito e da nessuno sarebbe stato capito. Alla fine – come si rileva dal congedo dell'*Africa* – il suo vero pubblico sono i posteri, coloro che vivranno in tempi migliori.

Poetica formalistica anche, giacché – come osserva Quaglio [17] –

---

[16] Bosco, *F. P.* cit., p. 101.
[17] A. E. Quaglio, *Francesco Petrarca*, Milano, Garzanti, 1967, p. 192.

pur « senza trattare sistematicamente di poetica, egli accentua così dell'arte il lato formale, l'aspetto aristocratico e difficile dell'espressione, che come un guscio serve a nascondere, per il diletto dei pochi lettori che l'apprezzano con il loro gusto, al volgo la verità delle favole ». Tra forma e contenuto è la prima che decide della validità poetica. E così si spiega che nella lettera in questione dica a Boccaccio che Dante fu popolare per la forma, nobile per il contenuto (*popularis quidem quod ad stilum attinet, quod ad rem haud dubie nobilis*). Alla luce di ciò che è detto in seguito, sappiamo bene quale peso attribuire ai due aggettivi.

Non che Boccaccio si discosti troppo dall'ideale di vita petrarchesco. Proprio a proposito di Dante egli non manca di rilevare che « gli studi generalmente sogliono solitudine e rimozion di sollecitudine desiderare e tranquillità d'animo », e « le considerazion filosofiche... somma pace d'animo vogliono ». [18]

Come scrittore egli è in non minore misura responsabile di quel divorzio fra lingua scritta e lingua parlata, di quella segregazione dalla realtà e insomma di quella condizione « pensile » (come piaceva dire all'indimenticabile Luigi Russo) della nostra letteratura che durerà in pratica fino a Verga (non ostante il Romanticismo). La stessa cornice del *Decameron* è una fuga dalla realtà quotidiana, una sorta di *embarquement pour Cithère* e inaugura l'Arcadia assai prima che il nome entrasse in circolazione.

Tuttavia egli sa bene che non si può sempre stare « con le Muse in Parnaso né esse con esso noi ». I suoi personaggi sono spesso tolti – per così dire – dalla strada: Chichibio, Cisti fornaio, Andreuccio. Il suo pubblico è fatto di persone reali ed è molto più vasto di quello al quale si rivolge il Petrarca.

Cosa anche più significativa, come critico non è un formalista. Nella digressione sull'origine della poesia egli ricorda sì – riecheggiando la lettera di Petrarca al fratello Gherardo (*Famil.*, X 4) – come questa « non in volgar forma o usitata, ma con artificiosa ed esquisita e nuova convenne che si facesse », ma perché ciò era richiesto in origine dal suo contenuto divino e in seguito dalla necessità di « adeguare i fatti de' forti a quegli degl'iddii ». E combatte decisamente l'opinione dei « non intendenti » i quali « credono la poesia niuna altra cosa essere che solamente un fabuloso parlare ».

---

[18] *Trattatello* ed. Ricci, cit., p. 576.

Tutto ciò basta bene a spiegare i termini del dissidio in cui Petrarca e Boccaccio vengono a trovarsi di fronte all'opera di Dante.

Per Petrarca conta soprattutto il Dante lirico, della *Vita Nuova* e delle *Rime*. Le stesse presenze « comiche » sono spesso trasfigurate e assunte in una dimensione lirica. [19] Valga per tutti l'esempio della ballata LXIII, 11 sgg.:

> Del mio cor, Donna, l'una e l'altra chiave
> avete in mano...

Motivo ripreso nel sonetto XCI, 5:

> Tempo è da ricovrare ambe le chiave
> del tuo cor...

* * *

Il caso dei *Trionfi* vale solo come prova di quella « reale incapacità » di Petrarca a intendere i motivi di fondo della *Commedia* (anche quando si proponeva d'imitarla), di cui parlò a suo tempo Ferdinando Neri.

Boccaccio conosce e trascrive, oltre alla *Commedia*, la *Vita Nuova*, le *Ecloghe*, parte delle *Rime* e delle *Epistole*; dà notizia del *De vulgari eloquentia* e mostra di conoscerne il testo; ma per lui il vero Dante, adorato e imitato per tutta la vita, è quello del poema sacro.

Per Petrarca, Dante è un poeta come gli altri. Nella canzone LXX è messo terzo (secondo un ordine che, comunque, non pare di merito, ma cronologico, atto a rappresentare diversi momenti in modo da costituire una sorta di storia della lirica volgare in embrione) dopo Arnaldo Daniello e Guido Cavalcanti e prima di Cino da Pistoia e dello stesso Petrarca. Ancora terzo (qui forse per ragioni di rima) lo troviamo nel sonetto 287, 10 sgg., come poeta d'amore, mescolato con altri « minori »: Guittone, Cino da Pistoia e persino Franceschino degli Àlbizzi. Né a ciò contraddice la *Senile*, V 3 (corrispondente a V, 2 nella traduzione Fracassetti) in cui Dante è detto *ille nostri eloquii dux vulgaris*. Siamo sempre nei termini della lettera di risposta al carme boccacciano e sappiamo quale senso e quale portata avesse per lui riconoscere a Dante la palma della poesia volgare.

---

[19] Esaurienti indicazioni delle presenze dantesche nell'opera di Petrarca sono nella *Enciclopedia Dantesca*, alla voce *P.* dovuta a N. Feo.

Per Boccaccio è il poeta per eccellenza, colui che risponde appieno all'idea di poesia intesa nel suo più alto senso come – dirò con l'indimenticabile Salvatore Battaglia [20] – « rivelazione di verità storiche e di simulacri metafisici »; il poeta-vate « ispirato da un'arcana energia che gli consente di decifrare o presagire i sensi più occulti dell'esistenza e del destino umano », anzi – più esattamente – il poeta teologo capace di convogliare nella propria ispirazione « le qualità e le conoscenze della storia e della teologia: ed è, al contempo, evocatore della tradizione, rapsodo dei fatti e delle gesta di un popolo, di una nazione, dell'umanità intera; ed è, ancora, profeta di vaticini, di premonizioni, di riforme; anticipatore di eventi, di decadenze storiche e di rinascite spirituali; depositario di civiltà perdute e cantore di società nuove ».

Questo mito del poeta teologo, di origine platonica, ripreso da Cicerone nell'orazione *Pro Archia* e cristianizzato da Sant'Agostino nel *De civitate Dei* (XVIII, 14), riesplode nel Medio Evo in termini di esplicita coincidenza fra poesia e teologia, correlativamente all'altra questione – di ordine più strettamente pedagogico – della *lectio poetarum.*

Il lato paradossale (diciamo meglio: irrimediabilmente medievale) della questione sta nel fatto che erano gli spiriti aperti, i laicizzatori della cultura a sostenere il contenuto religioso e profetico della poesia; mentre i rigoristi ne negavano la legittimità. Esemplare a tal proposito la disputa tra Albertino Mussato e Fra Giovannino da Mantova: l'uno tutto impegnato a sostenere che la poesia è *ars divina, altera theologia, prisca theologia*; l'altro a rifiutarsi di rispondere in versi per non fare offesa alla teologia *me poeticis regulis obligando*, a spiegare che *vate* nulla ha a che vedere con *vas* e con *Theòs*, ma viene semplicemente da *viere, quod est ligare eo quod poeta habet pedes et metra ligare*, a negare ogni valore alla corona d'alloro, simbolo – secondo lui – d'imperfezione perché di forma circolare in cui tutti i punti sono lontani dal centro di perfezione (al che Mussato argutamente ribatte: « E che dovrei allora dire io della chierica dei frati? »).

Qui senso e ragioni delle varie difese della poesia, di cui quella del Mussato è già un esempio e quella del Boccaccio – non a caso originariamente formulata a proposito di Dante – la più autorevole. Ad essa s'ispireranno più o meno direttamente il Salutati ed Enea Silvio Piccolomini

---

[20] S. Battaglia, *Esemplarità e antagonismo nel pensiero di Dante*, pt. I, Napoli, Liguori, 1967, p. 272.

che riaprirà con giuristi e teologi germanici una questione già da tempo risolta in Italia.

Si può dunque ben dire che il dissidio tra Petrarca e Boccaccio anticipa sostanzialmente, con diversa formulazione, quella questione che in tempi relativamente recenti fu enunciata come rapporto tra struttura e poesia. Diciamo più chiaramente: volendo applicare questo rapporto al loro diverso modo di leggere Dante, bisogna ammettere che all'uno (Petrarca) sfugge completamente la cosiddetta struttura, mentre l'altro (Boccaccio) non soltanto supera il dissidio fra i due termini, ma attua già una forma di lettura che oggi chiameremmo « globale ».

* * *

Si è osservato che, dopo quella lettera (XXI, 15), le presenze dantesche negli scritti del Petrarca vanno facendosi più frequenti. Segno evidente che il cantore di Laura non era rimasto insensibile alle esortazioni dell'amico e aveva fatto per lo meno uno sforzo per avvicinarsi a Dante.

Ma come reagì Boccaccio a quella lettera e – più genericamente – alla presa di posizione di Petrarca? Difficile – ovviamente – stabilire rapporti precisi di causa ed effetto. Qualche sintomo è possibile tuttavia avvertire. È quasi certamente del 1360 la prima redazione compendiosa del *Trattatello* (già scritto in forma più ampia nel 1351) quasi a conferma della propria posizione. Ma già nella quasi contemporanea stesura del *De casibus* è possibile cogliere il segno d'una incrinatura, un certo senso d'insicurezza che turberà d'ora in avanti la serenità del suo spirito e si rifletterà – a lungo andare – anche nel suo modo di leggere Dante. La poesia, la letteratura in genere, non trova più in se stessa ragioni sufficienti di giustificazione e scade ad atteggiamenti moralistici: il racconto è continuamente interrotto da ammonimenti contro i vizi ed esortazioni alla virtù (*in vicia ed ad virtutem suasiones*).

Questa tendenza si continua nel *De mulieribus claris* che, se non costituisce proprio una diretta « ritrattazione degli spregiudicati racconti del *Decameron* », [21] è certamente lontano dalla serenità narrativa dell'opera maggiore.

Né è questione di lingua. Ché anzi il volgare del *Corbaccio* va in questo senso bene al di là delle due opere latine or ora nominate. E il

[21] V. Zaccaria, introd. al *De mulieribus claris*, in G. Boccaccio, *Tutte le opere*, Milano, Mondadori, 1970, vol. X, p. 5.

sonetto *Volgiti, spirto affaticato, omai* è documento eloquente d'uno stato d'animo ormai dominato dal pensiero della morte.

Decadenza fisica, certo; involuzione senile. E mettiamo pure nel conto altri fattori: la condizione di chierico di Boccaccio, che nel 1360 fu autorizzato ad aver cura d'anime anche in chiese cattedrali, la famosa visita del Ciani (primavera del 1362) che tanti rimorsi e preoccupazioni suscitò in lui; la già ricordata senile V, 2 del Petrarca, che si meravigliava del suo proposito di dar nuova forma ai suoi scritti giovanili vedendo in esso una fiducia di vivere a lungo eccessiva rispetto ai tempi (*prorogandae vitae huius incertae nimis certa fiducia ... hac aetate praesertim*) e altri elementi soprattutto « di carattere biografico e ambientale ».[22] Sono cose che possono anche spiegare – ciascuna per la sua parte – l'interruzione delle letture dantesche e forse anche quelle intrusioni di toni moralistici o addirittura – come si è detto – « chiesastici » che indussero Domenico Guerri a dubitare (almeno parzialmente) dell'autenticità del testo del commento a noi pervenuto e sono state poi ricondotte da Francesco Mazzoni nei limiti della utilizzazione da parte di Boccaccio di alcune chiose di Guido da Pisa. Ma come spiegare quei quattro sonetti (*Rime*, CXXII, CXXIII, CXXIV, CXXV)[23] che alla Cavallari parvero di sdegno e di difesa e sono invece una totale ritrattazione, anzi – come ha ben detto Padoan[24] – una vera e propria « resa senza condizioni »?

Accusato con *aspro dettato* d'aver voluto – con le pubbliche letture della *Commedia* – dare la poesia in pasto agli sciocchi, egli si dichiara colpevole: riconosce di aver *le Muse vilmente prostrate* e le *lor parti occulte ... palesate / alla feccia plebeia scioccamente*; ammette che Dante ha ragione di dolersi che *li concetti del suo alto ingegno / aperti siano stati al vulgo indegno*; ne dà colpa alla propria povertà e alle insistenze degli amici malaccorti

Vana speranza e vera povertade
e l'abbagliato senno degli amici
e gli lor preghi ciò mi fecer fare;

giunge a vedere nei propri mali fisici – specialmente l'idropisia che lo

---

[22] G. Padoan, *L'ultima opera di G. B.: le « Esposizioni sopra il Dante »*, Padova, Cedam, 1959, p. 50.
[23] *Rime* a cura di V. Branca, in G. B., *Opere*, Bari, Laterza, 1939 (« Scrittori d'Italia », n. 169), pp. 72 sgg.
[24] G. Padoan, introd. alle *Esposizioni sopra la Commedia di Dante*, in *Tutte le opere* (Mondadori) cit., vol. VI, p. xxi.

ha *fatto un otre divenire / non pien di vento, ma di piombo grave* – un segno del castigo divino:

> Non cal che più mi sien rimproverate
> sì fatte offese perché crudelmente
> Apollo nel mio corpo l'ha vengiate

e invoca pietà per il suo *misero stato* e chiede perdono promettendo di non ricadere nell'errore anzi nel *misfatto*:

> Però ti posa e a me dà perdono
> ch'io ti prometto, che in tal misfatto
> più non mi spingerà alcun giammai.

Padoan ritiene, per il « tono riverente » con il quale gli si rivolge Boccaccio, che l'anonimo interlocutore sia un « alto prelato ».[25]

A me, per la verità, il tono non pare poi tanto riverente. Anzi i sonetti mi sembrano scritti nello stile « comico » proprio della tenzone non senza qualche espressione piuttosto grossolana (*a grattar della mia rogna*). Né vedo perché si debba proprio pensare a un prelato. Ipotesi per ipotesi, tanto varrebbe pensare al Petrarca.

Intanto dovrebbe trattarsi di un poeta, se va intesa in senso letterale (come credo) la parola *rime* dal verso 2 del sonetto LXXIV: *le rime tue accese in mia vergogna.* In secondo luogo certi atteggiamenti di disprezzo per il volgo profano (*volgo dolente; feccia plebeia; vulgo indegno; ingrato vulgo*) potrebbero effettivamente richiamare il tono della familiare XXI, 15 da cui abbiamo preso le mosse. Ma sono – lo riconosco – indizi troppo labili e non mi azzardo neppure a formulare l'ipotesi.

Una cosa, comunque, va sottolineata. I sonetti sono chiaramente di conio dantesco e abbondano di reminiscenze testuali dantesche; il che, nel contesto e nella particolare circostanza, assume quasi valore d'ironia. Segno che la vecchiaia le malattie e le accuse e la povertà potevano sì aver fiaccato la tempra del Boccaccio fino ad indurlo a una ritrattazione francamente non decorosa, ma non avevano attenuato in lui l'amore per il *suo* poeta.

---

[25] PADOAN, *L'ultima opera...* cit., p. 60. E nella introduz. cit., p. XXI.

Aldo Vallone

BOCCACCIO LETTORE DI DANTE

Dai tempi di Carducci, che sottolineava la necessità di adeguate storie della critica dantesca, o anche da quelli di M. Barbi e Pellizzari, che a tale opera predisposero (e non furono i soli) schemi e apparati critici, molte iniziative, anche per il secolo XIV, parziali e generali (e si pensi al lungo e benemerito lavoro di scavo compiuto da F. Mazzoni) sono state avviate e conchiuse. Si augurava Carducci (e lui stesso ne tracciava un disegno assai vigoroso) che si provvedesse ad una storia della critica dantesca senza panegirici, ombre e invettive, allo scopo di « diminuire la produzione delle superfetazioni odiernissime » [1] e a tale scopo faceva piazza pulita di taluni numi del dantismo, come del Fauriel, di cui giudicava le lezioni (*Dante et les origines de la langue et de la littérature italienne*, Paris 1854) « un sunto al di sotto di quanto si trova in qualsiasi manuale di letteratura italiana » [2] (e non era il solo se egli consentiva con il Camerini). E per il secolo XIV lamentavano la esiguità degli studi il Renier, [3] prima, e il Pellizzari poi, quest'ultimo con parole gravi: « La storia della fortuna di Dante nel sec. XIV è ancora di là da venire, e rimarrà forse a lungo nel mondo delle aspirazioni e dei sogni, atteso che troppo ardua essa si presenti pur oggi, per la mancanza delle varie monografie preparatorie ». [4] Ma già il Barbi, più chiaramente, dinanzi a testi mediocri (quali quelli dello Zacchetti e del Sarappa) dichiarava, all'alba del nostro secolo, che « una storia della fortuna di Dante

---

[1] G. Carducci, *Della varia fortuna di Dante* in: G. C., *Opere*, Bologna, Zanichelli, 1936, vol. X, p. 259.

[2] G. Carducci, *op. cit.*, p. 260 (e in « Nuova Antologia », ottobre 1866, p. 265, ove il saggio apparve la prima volta).

[3] R. Renier, *Liriche edite ed inedite di Fazio degli Uberti* (a cura di), Firenze, Sansoni, 1883, p. ccliii, n. 1.

[4] A. Pellizzari, *Il Dittamondo e la Divina Commedia. Saggio sulle fonti del « Dittamondo » e sulla imitazione dantesca nel sec. XIV*, Pisa, Mariotti, 1905, p. 5.

non sarebbe soltanto una curiosità erudita, ma gioverebbe assai a procurare quella cognizione della letteratura dantesca che ognuno dovrebbe avere prima di mettersi a scrivere del sommo poeta e che invece ben pochi hanno, e specialmente per il primo secolo servirebbe a dissipare parecchi pregiudizi e a determinare il giusto valore delle interpretazioni date allora del poema ».[5]

Ed è indubbio che un accertamento delle intenzioni e dei mezzi, della mentalità e dei risultati dei prischi lettori di Dante (e qui si vorrà dire più limitatamente della *Commedia*, perché le opere minori solo sporadicamente venivano se non lette, certo utilizzate) giova non solo a dare misura obiettiva a quelle opere di esegesi, entro le idealità e le condizioni proprie di quel secolo; ma giova anche a precisare storicamente, senza « superfetazioni » appunto, gli apporti, via via conseguiti, della varia e multiforme esegesi secolare. Si tratta, in ambedue i casi, di una ricerca realistica che vuol dare (o semplicemente si studia di dare) quel che spetta ad ognuno in relazione al tempo, al programma e alle idee. Ed è proprio per questo motivo che il chiarimento storico, fissando il vero e il certo, può, a sua volta, proporre nuove soluzioni, aprire ulteriori vie, illuminare altre zone d'ombra e, in definitiva, perennemente generare e rigenerare la stessa interpretazione dantesca. Ed ha ragione da vendere Contini quando, a fronte degli « esercizi » di « enigmistica » (ahimé, oggi, pertinacemente e grottescamente rifiorenti nonostante Barbi e Nardi, anche in casa nostra, aggiungiamo noi) o delle « ricerche di chiavi proprie del dantismo tradizionale », indica che « le operazioni del dantismo moderno sono: verifiche puntuali dei canoni retorici, per inserzioni nella continuità classica; scoperte di collegamenti particolari in cui si rispecchino, come nella monade il macrocosmo, dati della struttura generale; interpretazioni gnoseologiche alla stregua della resa grammaticale; nuove ed esasperate auscultazioni della lettura finché essa non liberi una traduzione inedita; magari analisi dei valori fonosimbolici ».[6]

E l'esame della critica che valga ad entificare il testo, a dargli cioè connotazioni esatte, è sempre di preminente valore e di assoluta priorità, per Dante in specie. Così partire da lui è giusto più che mai. Consapevolmente o no l'intelligenza o l'interpretazione da parte di Dante per le sue cose poetiche penetra ben dentro l'opera sua e prima della *Epistola*

---

[5] M. Barbi, *La fama di Dante nel Settecento* [1901], in *Problemi di critica dantesca. Prima serie*, Firenze, Sansoni, 1934, p. 455; A. Vallone, *Dante*, Milano, Vallardi, 1971, pp. 542 sgg.

[6] G. Contini, *Varianti e altra linguistica*, Torino, Einaudi, 1970, p. 410.

XIII: è nel *Convivio* e nel *De vulgari Eloquentia*, e cioè nel discorrere di cultura e lingua, di sensi interpretativi e di modi di lettura, nel cogliere il pro e il contro di tesi filosofiche e testi poetici, nell'onnipresente gusto e rischio di scelta. Al che non si sottraggono né la *Commedia*, né le *Rime*: e gli esempi sono alla portata di tutti e senza ricorrere a sottigliezze e valutazioni esegetiche. Basti pensare alla risposta a Cino da Pistoia, amico e collega d'altri tempi e di diverse esperienze:

> Io mi credea del tutto esser partito
> da queste nostre rime, messer Cino,
> ché si conviene omai altro cammino
> a la mia nave più lungi dal lito (CXIV, 1-4).

Non si nega nulla, ma tutto si storicizza e si colloca nel tempo proprio e nella sensibilità in quello occorrente: prima, rime vaghe e soavi; poi, sapienza, filosofia e meditazione: le vie per il dolce stil nuovo e per la *Commedia.* Dante ebbe un'idea tutta sua della critica, che se da una parte si apre a folgorazioni splendide e fruttuose, d'altra illiberalmente si restringe nell'assolutismo più tenace e convinto. La certezza di essere nel giusto e la « necessità » di considerarsi centro di ogni atto lo determinano ad assumere, e nella vita attiva o azione profetica (qui accanto a Enea e Paolo) e nello stile, se stesso e la sua opera come assoluto modello. Grammatica lingua e sintassi, quand'anche non partano da lui (ed è raro caso), certamente a lui si riconducono.

L'interpretazione di Dante nel XIV secolo parte da Dante e si chiude, riproponendosi, con Coluccio Salutati. Il taglio più decisivo tra XIV e XV secolo avviene, quasi a secolo compiuto, tra Coluccio Salutati, appunto, e Leonardo Bruni. Da una parte le epistole a Benvenuto da Imola del 28 giugno 1383 (nove anni dopo quella al conte di Battifolle in lode e per compianto di Petrarca) e a Niccolò da Tuderano del 2 ottobre 1399; dall'altra il dialogo a P. P. Vergerio (*Ad Petrum Paulum Histrum*) del 1401. Sono pochi anni di stacco, certo; ma già v'è netta la distinzione tra mentalità diverse, tra modi di porsi dinanzi a Dante, tra metodi e gusto di lettura. Augura il Salutati che il poema abbia finalmente un commentatore idoneo e degno, ma dispera quasi di trovarlo (« Quis enim tot divinarum et humanarum rerum dignitatem, tantam nobilium hysto-

---

[7] Per taluni inserti ragionativi (invero presenti anche nelle *Rime* e non solo in Dante) T. Wlassics, assai suggestivamente, parla di « poesia della didascalia, anzi di poesia della pedanteria, ossia di poesia della non poesia » in *Le « postille » di Dante alla « Commedia »*, in « Studi danteschi », XLIX, 1972, pp. 115 sgg.

riarum seriem, tot subtilissimos sensus, tam inauditas tamque digestas explanationes in illa stili tenuitate legendo sine indignatione percurret? »); [8] pensa, anzi che la *Commedia* sia al punto più alto, nella scala dei valori, per forma e sostanza, perché « nichil altius, nichil ornatius, nichil expolitius nichilque scientia profundius illis tribus canticis possumus demonstrare ». [9] Leonardo Bruni tra riserve e lodi mostra già che quelle avanzano e queste si limitano a modi di consuetudine quando non siano orientate ad altri fini. Se il livello dell'opera, prima solo alla portata dei farsettai e dei panettieri (« lanariis, pastoribus atque eiusmodi turbae »), [10] sale, col cadere anche dell'accusa d'inettitudine alla « latinitas » (il che sarebbe una mossa oratoria « ut Colucius in indignationem commoveretur »); [11] non s'approfondisce affatto la considerazione dei temi e dei modi dell'arte dantesca. L'opera di Leonardo Bruni segna effettivamente il « certificato di nascita di una nuova era » [12]. E non v'è motivo per non accettare le ragioni che indussero il Baron a marcare questo avvio,e cioè « la nuova concezione repubblicana dell'antica storia di Roma, la teoria della fondazione di Firenze ad opera dei romani del periodo repubblicano, la rivendicazione di Dante come poeta fiorentino e l'interpretazione civile del cesarismo dantesco ». [13] Dante è, ad ogni modo, più che Petrarca e Boccaccio, la cui fama è regolarmente progrediente, la cerniera-cardine di questo mutamento di tempi e intenzioni. Per trovare un nuovo avvio, netto anche questo (e si vuol qui solo dare cenno), occorrerà giungere, nell'età di Lorenzo de' Medici e dell'Accademia platonica, alle lezioni di Poliziano (1482-1492), alla *Theologia platonica* (1482) di Marsilio Ficino, al *Comento* (1481) di Cristoforo Landino e, soprattutto, alle prime tre edizioni (1472) a stampa della *Commedia* (la folignate, la mantovana, la iesina), che risolvono vecchi problemi di lettura, di pubblico e di diffusione e poi fanno emergere dei nuovi, che il tempo terrà desti e imperiosi. Fa bene lo Chastel a indicare come periodo più denso di nuove e diverse preoccupazioni morali e letterarie il decennio 1460-1470 [14], vent'anni dopo il limite posto da

---

[8] C. SALUTATI, *Epistolario*, a cura di F. Novati, Roma, Forzani, 1891-1911, vol. I, p. 77.

[9] C. SALUTATI, *op. cit.*, vol. III, pp. 372-373.

[10] L. BRUNI, *Ad Petrum Paulum Histrum Dialogus* in: « Prosatori latini del Quattrocento », a cura di E. Garin, Milano-Napoli, Ricciardi, 1952, p. 70.

[11] L. BRUNI, *op. cit.*, p. 90.

[12] H. BARON, *La crisi del primo rinascimento italiano* (trad. di R. Pecchioli), Firenze, Sansoni, 1970, p. 49.

[13] H. BARON, *op. cit.*, p. 81.

[14] A. CHASTEL, *Arte e umanesimo a Firenze ai tempi di Lorenzo de' Medici* (trad. it.), Torino, Einaudi, 1964, p. 4 (ed. franc., p. 2).

Rossi e Dionisotti [15], e a parlare di « besoin de decompartimenter la vie de l'esprit ». [16] Aristotele cede allora il posto a Platone, la cui traduzione integrale latina si conclude nel 1484: e Platone si pone come « moto polemico di rivolta » e « insegna di partito » o ancor più come « direzione verso un modo aperto, discontinuo e contraddittorio, ... ribelle ad ogni sistemazione ». [17] Ma all'interno di quella lunga età, da Dante a Coluccio Salutati, apparentemente senza risvolti e nodi, l'accostamento a Dante varia di tono e d'intensità, si adegua a tendenze specifiche di singole preparazioni e di aree culturali,rispetta e conserva, ma qualvolta provoca e altera, attese di comunità e gusto di lettori. Ed è un cammino evolutivo e involutivo insieme, che dà frutto e preme sulla registrazione e trasmissione del testo, che ha di per sé e in sé una storia singolare e paradigmatica.

Il calcolo di quanto i prischi lettori capirono Dante e gli si accostarono e di quanto, invece, essi lo fraintesero e se ne distaccarono, non è riducibile a schemi o formulazioni esatte. C'è un gioco di adesioni e ritrattazioni, di consensi e remore, di plausi e dubbi, che passa attraverso molteplici aspetti e assume talora contrastanti atteggiamenti.

Si potrebbe pensare a tre fasi principali, articolate e sciolte ma non mai rotte nelle varie componenti: dall'*Epistola XIII* (e basteranno le parti concordemente attribuite a Dante) e dalla corrispondenza Dante-Giovanni del Virgilio a Guido da Pisa, poi Boccaccio e infine da Boccaccio a Coluccio Salutati: un arco a tre luci, retto però dagli stessi fini e sostenuto da un medesimo impegno. Graziolo de' Bambaglioli, il cui commento in latino all'*Inferno* è del 1322, Jacopo Alighieri, le cui chiose in italiano sono da porsi tra il 1322 e il 1324, Jacopo della Lana, la cui esegesi in italiano per tutta la *Commedia* è degli stessi anni, l'Ottimo, il cui commento completo anch'esso in italiano s'ha da ascrivere intorno al 1334, Pietro Alighieri, il cui esame completo in latino ha una prima stesura nel 1340-1341 (cui seguono quelle del 1350-1355 e 1358) e infine Guido da Pisa, il cui commento in latino all'*Inferno* è pensato tra il 1343 e il 1350, esprimono soprattutto la necessità di chiarire il testo, aprirlo alla intelligenza dei lettori, promuovere una

---

[15] V. Rossi, *Dante nel Trecento e nel Quattrocento* in *Saggi e discorsi su Dante*, Firenze, Sansoni, 1930, pp. 304-305; C. Dionisotti, *Dante nel Quattrocento* in « Atti del Congresso internazionale di studi danteschi », Firenze, Sansoni, 1965, vol. I, p. 355. Si può risalire, in un certo senso, per tale periodizzazione, invero meno flessibile, a Carducci, *op. cit.*, p. 263.

[16] A. Chastel, *op. cit.*, p. 5.

[17] E. Garin, *L'umanesimo italiano*, Bari, Laterza, 1952, p. 18.

comprensione letterale. Rientrano in questo scopo primario non solo gli assaggi storici, prudenti e reticenti se di storia recente, ampi e doviziosi se di storia antica o leggendaria o mitica, ma anche le delucidazioni filosofiche e teologiche col sostegno di passi evangelici. Il destinatario è, in gran parte, il popolo (e le *Chiose*-Selmi ne sono forse la più chiara prova), e quello cittadino propriamente dedito ai commerci e ai traffici con qualche buon uso di letture e di conversazioni o ricordi di prediche. Di qui la necessità, a partire da Jacopo Alighieri e da Jacopo della Lana, delle divisioni in parti allo scopo di coordinare i fatti e dare perennità di presenza alla vicenda: un prontuario-guida che servisse ad un retto e rapido orientamento dinanzi ad un'opera, che anche per mole sovrastava le comuni possibilità di memorializzazione dei discenti. A questa funzione ubbidivano anche le soste, prima brevi e sciolte nel senso letterale, poi più insistenti e talvolta compiaciute, sui simboli e sulle immagini-simbolo, sempre tuttavia calcate, tanto da scambiarsi per parafrasi, dall'interno della presentazione dantesca. Quando passa il tempo e le esigenze crescono e i discenti, acquisita la prima arte, divengono maestri-lettori anche loro, il commento sembra arricchirsi e certo s'apre a nuove esigenze. L'Ottimo e Pietro Alighieri, più o meno scopertamente (e il primo più del secondo), utilizzano le esperienze-pilota, le valutano dinanzi alle nuove istanze, e talvolta le discutono, fanno propri taluni ritrovati dei lettori che li hanno preceduti. Lana è per loro un solido punto di riferimento, se non proprio un modello. Ma l'accertamento, e, se si vuole, l'accostamento alle fonti (diritto romano, tradizione classica, e così via), con l'Ottimo e Guido da Pisa, [18] e il richiamo ad altre opere di Dante si approfondiscono senza segnare lo scadimento dei vecchi raffronti col mondo biblico e la tradizione ecclesiale. Se ne beneficia immediatamente la lettura, che diviene più piana e alacre, più attenta, soprattutto con l'Ottimo (e non prima di lui), ai valori letterari. Muta il lettore, ma muta anche l'uditorio: sono segni lievi, talvolta; ma promettenti e impegnativi. Guido da Pisa dà prova già di una capacità di interpretazione centrale del poema [19] e ritaglia la fisonomia umana e intellettuale

---

[18] B. Sandkühler, *Die frühen Dantekommentare*, München, M. Hueber Verlag, 1967, p. 179.

[19] F. Mazzoni, *Guido da Pisa interprete di Dante e la sua fortuna presso il Boccaccio*, « Studi Danteschi », xxxv, 1958, p. 89; B. Sandkühler, *Die frühen Dantekommentare*, cit. Ora le *Expositiones et glose super Comediam Dantis*, sono edite da V. Cioffari, New York, State University Press, 1974 (su cui cfr. il nostro saggio *G. d. P. nella critica dantesca del Trecento*, in « Critica letteraria », III, 1975, pp. 435-69).

del poeta nell'empito profetico. Si è fatto un buon lavoro (anche se poco o nulla si è tentato nell'arginare la corrosione del testo, esposto ad ogni insidia di luoghi e ideologie comunali, di memoria umana e di clima letterario), quando Boccaccio assume a sé il compito di presentare l'uomo e illustrare poi la *Commedia*. È un nuovo momento che si colloca a centro del secolo e delle esperienze che sembrano chiudere quelle più rigorosamente medievali e annunziare quelle più audacemente innovatrici e rinascimentali. Dal *Trattatello in laude di Dante*, che presumibilmente può datarsi « tra la seconda metà del 1351 e prima dell'estate 1355 »,[20] alle *Esposizioni sopra la Comedia di Dante*, tenute dal 23 ottobre 1373 al gennaio 1374, intercorre un periodo di tempo di vent'anni, decisivo e fondamentale per l'esegesi dantesca. Il livello di studio e la tensione interpretativa sono enormemente cresciuti. Le prove di rassodamento e di definizione sono cospicue, ma non sempre e in tutto positive. La voce è troppo alta e sovrana perché, lì per lì e dopo, non la si adduca a documento e verifica. Nella grande svolta delle idee e del gusto si crea per questa via una stasi e si guarda alle *Esposizioni* come a modello conchiuso e a problema risolto. Ma è questo un dissapore o, se più piace, un disagio, che travaglia l'esegesi futura dal XVI al XIX secolo. Resta il fatto che in quel ventennio del Boccaccio lettore di Dante (e dentro vi cadono, tra l'altro, le profonde meditazioni sulla poesia) si gettano le basi di un tema vasto e prosperoso, in accordo o in ripulsa con i tempi di produzione, in scorcio o in analisi d'ogni ritrovato critico e storico, dentro e fuori la vicenda umana dell'uomo Dante. V'è soprattutto la presenza operante e imperiosa di Petrarca. Il carme di Boccaccio a Petrarca *Ytalie iam certus* che accompagnava la copia della *Commedia* può datarsi al 1351:[21] e si è, comunque, all'avvio o dentro il ventennio di studi particolari e generali e di ricerche più appassionate. Su Boccaccio premono i motivi di rigetto dello scolasticismo che Petrarca fece propri e rese lucidamente attivi: questa dissimulazione di Boccaccio non si cela del tutto, qua e là crepa la linearità dell'esegesi dantesca e apre a nuove prospettive, anche per questo verso. L'incontro Petrarca-Boccaccio su Dante non va minimizzato o ricondotto nei limiti tra posizioni diverse (lì, sdegno

[20] *Trattatello in Laude di Dante* a cura di P. G. Ricci, Alpignano, Tallone, 1969, p. XIX.

[21] G. Billanovich, *Prime ricerche dantesche*, Roma, Edizioni di « Storia e Letteratura », Ist. Grafico Tiberino, 1947. Altri spostano la data (v. P. G. Ricci, *op. cit.*; G. Paparelli, *Dante e il Trecento* in *Da Dante al Seicento*, Salerno, Beta, 1971, pp. 64-65, n. 63) e pensano alla primavera del 1359.

e noncuranza; qui, ammirazione e devozione); ma incide, a guardar bene, più profondamente su Boccaccio che su Petrarca. Se Petrarca e Boccaccio già si dicono e si sentono dotati di spirito diverso a fronte di Dante, è però Petrarca il più inquieto, il meno disposto a soggiacere all'autorità dell'uomo e ai canoni di quella poesia. Nella inquietudine si acuiscono disagio e diffidenze e si crea malumore che il Foscolo vede sfociare in un « fascio di contraddizioni ». [22] La distanza è enorme e più enorme ancora la sottolineatura. Il contrasto è più grave nei temi generali e di struttura che in quelli particolari: è nel concetto di provvidenza che Dante vide nella storia e quindi nell'Impero e nella Chiesa e che Petrarca diluiva nella pura evocazione della memoria: è nell'accettazione della religione che Dante intese come virtù costitutiva e intellettuale del cittadino e che il Petrarca invece agostinianamente interiorizzava come sentimento. [23] Ed è tutta da valutare ancora la presenza, vasta, quant'altra mai, e condizionante sotto molti aspetti della letteratura dantesca, sperimentata già in componimenti poetici di varia natura a tematica dantesca sotto forma di corrispondenza rimpianto e lode o nei modi consueti della ritrattistica, che già dalla poesia si estendevano alla prosa. E non v'è dubbio che parve difficile a Boccaccio, pure lettore smaliziato, liberarsi del tutto da quei lineamenti che poeti coevi a Dante, pro e contro la motivazione stilnovistica, o posteriori, ammirati e sgomenti dell'impegno e della mole del poema, avevano suggestivamente tracciato nel vero e nella finzione. E basterà ricorrere al sottile e travagliatissimo sonetto di Guido Cavalcanti *I' vegno 'l giorno a te 'nfinite volte*, in cui, quasi a riprova di una certa mobilità dell'« opinio communis » (peraltro taluni codici non lo attribuiscono apertamente al Cavalcanti), ci sono già molti tratti fisionomici di Dante: il pensar « vilmente » e « l'anima invilita » in opposizione a « gentil mente », lo « spirito noioso » che cruccia il poeta e attorno « l'annoiosa gente ». La ritrattistica in versi, che verrà dopo, appartiene per intero a Boccaccio (e qui basterà citare quel « ritratto » di Anonimo da iscriversi al 1383).

Per questa via, nell'ambito della ritrattistica, si creano o si rispettano più propriamente i canoni dei « tópoi ».

---

[22] U. Foscolo, *Parallelo tra Dante e il Petrarca* in *Opere*, Firenze, Le Monnier, 1953, vol. X, p. 280.

[23] Questo concetto, con altri, è accentuato da A. Renaudet, *Ethique humaniste et spiritualité de Petrarque* in *Humanisme et Renaissance*, Genève, Libr. E. Droz, 1958, pp. 78-79.

Spia puramente esterna sono i cenni che qua e là si trovano in altre opere di Boccaccio, come nel *De casibus virorum illustrium* (l. IX) e nell'*Amorosa visione* (V, 85-6; VI, 14-15), ove si parla dell'eccellenza dello stile dantesco e della ingratitudine dei fiorentini, o nel sonetto *Dante, se tu nell'amorosa spera* (CII), nei versi latini *Francisco Petrarchae poetae unico atque illustri* e nella *Genealogia deorum gentilium* (l. XIV, X e XXII; l. XV, VI), ove di Dante si parla come filosofo e teologo, ma anche « poetam conspicuum... praecipuum aliquando virum ».[24] Ma la somma di tutta una tradizione scritta e orale, reale e leggendaria, assunta o presunta è proprio nel *Trattatello in laude di Dante* (*De origine vita studiis et moribus* ecc.): è questo un punto d'appoggio d'obbligo, proprio nel cuore del Trecento, che riscuote tutto il favore delle preferenze (anche se altri orientamenti non hanno potere rilevante) e la piena fiducia della attendibilità. Il tratteggio dell'uomo-Dante è felice e schietto, con la costante sottolineatura delle molte virtù e con lo scarso rilievo dei pochi vizi (quasi vezzo, questi, nemmeno discutibili o reprensibili in un grande uomo). L'impostazione della vita e del carattere di Dante è secondo una tecnica a contrasto, tra aristocrazia e plebe, viste non come segni di qualificazione sociale, ma nel senso di qualità morali e intellettuali, come usano i poeti e i letterati (si veda Leopardi, ad esempio) almeno sino alla vigilia del tempo nostro. Ed è indubbio che l'origine di questa prosopopea è dentro Dante stesso, in taluni pezzi della *Commedia* e delle *Rime*, che non sfuggirono ai predecessori di Boccaccio e che, meno che mai, potevano sfuggire all'occhio, attento all'aneddoto e ai casi esemplari, di Boccaccio. Tutta la *Vita nuova*, ad esempio, viene assunta come puro e schietto squarcio biografico.[25] Così è che da una parte si pone l'uomo integro, il suo manifesto patriottico, l'esilio, gli studi disinteressati, la povertà; dall'altra i fiorentini cattivi e dimentichi, le offese e i soprusi, la vendetta e i maneggi oscuri. Premonitori a un tale destino sono il sogno della madre e il nome stesso di Dante. A questo piano ubbidiscono fattezze, usanze e costumi (ed è forse questa la parte più amabilmente letteraria). Dante è presentato di « mediocre statura », « curvetto », poi « in maturità » con un « andare grave e mansueto », di « onestissimi panni », di « volto lungo », di « naso aquilino », con « occhi grossi » e « mascelle grandi » (un po' grottesco-animalesche, poi-

[24] G. Boccaccio, *Opere minori in volgare* a cura di M. Marti, Milano, Rizzoli, 1972, passim. Per altre tracce nei sonetti (ciii, civ, cv, cvi, cvii, ecc.), vol. IV, p. 122 sgg. Per il « ritratto » di Anonimo, innanzi citato, cfr. Del Balzo, II, pp. 518-519.

[25] *Ibid.*, p. 321.

ché « dal labro di sotto era quel di sopra avanzato »), di « colore bruno », con « barba e capelli spessi, neri e crespi ».[26] È un Dante che non ha nulla della vaga e intellettuale gentilezza del disegno giottesco, ma ch'è colto, in posa, all'uscita dagli avelli infernali. Di carattere poi egli era « malinconico e pensoso » (qui v'è a suffragio l'aneddoto veronese);[27] di costumi morigerati, « parco nel mangiare e ordinato »; non loquace, ma « là dove si richiedeva, eloquentissimo »; solitario sempre; buon intenditore di canto e musica; di memoria « fermissima », di « perspicace intelletto ». Infine: « D'altissimo ingegno e di sottile invenzione fu similmente, sì come le sue opere troppo più manifestano agl'intendenti che non potrebbero fare le mie lettere ».[28] La derivazione dei dati anagrafici dalle opere è apertamente denunciata. Poco hanno a che fare i difetti, che pure essi hanno una matrice endogena a Dante. Egli fu « vaghissimo » « d'onore e di pompa », di « anima alto disdegnoso molto »;[29] « in tutte le sue avversità fortissimo », ma anche « impaziente e animoso » (con allusione ai suoi impegni di partito); lussurioso, poi, « non solamente ne' giovani anni, ma ancora ne' maturi ». Su questo sfondo di accentuato biografismo, si delineano le opere, dalla *Vita nuova*, « libretto assai vago e piacevole e massimamente a' volgari »,[30] alla *Monarchia*, scritta « nella venuta d'Arrigo VII »[31] e al *De vulgari Eloquentia*, scritto « vicino alla sua morte ».[32] All'unità di tempo e di diffusione della *Commedia*, che egli intende come « divina »,[33] scritta in volgare « per far utilità più comune a' suoi cittadini e agli altri Italiani » e per richiamo ai « liberali studi del tutto abbandonati » (anche qui si persegue la tematica a contrasto), strappa, nutrendo di destini diversi, due lacerti: i primi sette canti dell'*Inferno* e gli ultimi tredici del *Paradiso*: è una storia questa che perseguita, ancora oggi, i critici di Dante. Dentro al poema si distinguono poi i destinatari delle tre cantiche: l'*Inferno*, a Uguccione della Faggiola; il *Purgatorio*, a Morœllo Malaspina; il *Paradiso*, a Federico III, re di Sicilia. Non completa, naturalmente, è la conoscenza del Boccaccio delle rime e delle epistole, « delle quali ancora appariscono assai ».[34] Al di là dei dettagli, che, in molti casi, pro-

---

[26] *Ibid.*, p. 348 sgg.
[27] *Ibid.*, p. 349.
[28] *Ibid.*, p. 352.
[29] *Ibid.*, p. 365 sgg.
[30] *Ibid.*, p. 369.
[31] *Ibid.*, p. 377.
[32] *Ibid.*, p. 379.
[33] *Ibid.*, p. 374.
[34] *Ibid.*, p. 379.

vando e riprovando la critica ha verificato come veritieri e validissimi,[35] il *Trattatello* presenta non solo il primo ritratto ragionato di Dante (e che tale rimarrà con pochi altri, per lungo tempo, fino alle biografie ottocentesche); ma anche lo studio di una vicenda umana tra psicologia e realtà sociale, altamente significativa. Il guasto avviene dopo. Le insidie interne di un'opera del genere sono di gran lunga superate dall'uso suggestivo ed esasperato che tanta materia (o parte di essa) ha subito nel variare delle idee e delle ideologie. Basti qui accennare agli spunti su lingua e stile, giusti nella sostanza e bene assettati nel tempo, e alla loro ripresa, invece, polemica ed estensiva oltre ogni intenzione, quale avvenne nel secolo XVI. E si pensi ancora ai temi biografici e politici (il bando da Firenze, l'esilio, l'opposizione ai tiranni, le condanne ai papi e così via) che poi matureranno, dall'età di Alfieri e Foscolo a quella di Carducci e Bovio e dopo ancora, in studi d'ogni genere, in libelli politici e manifesti di propaganda; ma anche nella più vasta produzione di romanzi poesie e tragedie,[36] che mai si sia avuta su soggetto particolare, nelle letterature d'ogni popolo.

Le *Esposizioni* poggiano su queste basi soprattutto per la materia biografica, che resta nella sua configurazione originale. Le sintesi critiche delle singole opere si allargano, invece, e si arricchiscono di umori diversi e di più vitale nutrimento. Cambiano carattere e tendenze, disposizione e finalità. L'impegno è diverso. Qui c'è un pubblico che ascolta (ed è un pubblico composito): accanto a Benvenuto da Imola c'è il popolano e il borghese. Si sente il lettore ufficiale anche nei collegamenti dei pezzi più vari e in essi, talvolta, il compiacimento. L'erudizione, le soste e le divagazioni, il descrittivismo sono moduli propri del Boccaccio (ancor più in età matura); ma sono anche di una lettura aperta al pubblico e, in un certo senso, corale. Ovunque v'è grande esperienza nella organizzazione e nella fluidità di così vasti e difformi materiali. Il rigore e lo schema, pur presenti e dichiarati (si stabiliscono, infatti, in quattro le « cause » del poema: « materiale », « formale », « efficiente », « finale »),[37] si avvertono assai meno a confronto di altri commenti pre-

---

[35] V. Rossi, *Dante nel Trecento e nel Quattrocento*, cit., p. 320.

[36] A. Vallone, *L'interpretazione di Dante nel Cinquecento*, Firenze, Olschki, 1969; Id., *La critica dantesca nell'Ottocento*, Firenze, Olschki, 1958 (rist. 1975); Id., *Dante e la « Commedia » come tema letterario dell'Ottocento* in *Studi sulla D.C.*, *ibid.*, 1955, pp. 129-166.

[37] G. Boccaccio, *Esposizioni sopra la Comedia di Dante* a cura di G. Padoan, Milano, Mondadori, 1965, p. 2. Del P. cfr. ancora *Boccaccio* in « Enciclopedia Dantesca », s. v.

cedenti. La discussione si pone a fronte continuamente non solo al testo, ma anche ai lettori (a incominciar proprio dal titolo). Nasce così una ragionata interpretazione, che può dar conto, oltre tutto, dello stato di diffusione del testo e dei relativi esegeti. La riserva di fondo, che annebbiò Petrarca e gli umanisti, circa l'uso del volgare al posto del latino, inadatto quello ad opere di scienza e di divina ispirazione, è aggirato con elegante ingegno e con mossa rapida e secca proprio all'avvio delle lezioni. In sostanza Dante si sarebbe proposto, adoperando il volgare, di riabituare principi e signori alle buone letture da tempo trascurate.

> [...] e il consiglio che 'l mosse fu manifestamente conoscere i liberali studi e' filosofici essere del tutto abandonati da' prencipi e da' signori e dagli eccellenti uomini [...]; e però, veggendo quasi abandonato Virgilio e gli altri, o essere nelle mani d'uomini plebei e di bassa condizione, estimò così al suo lavorio dovere adivenire, e per conseguente non seguirnegli quello per che alla fatica si sommettea.[38]

La trattazione segue gli impegni e lo schema adottato con estrema puntualità. Ogni canto si articola in « esposizione litterale » e in « esposizione allegorica » (questa, però, laddove non occorre, è saltata come nei canti XI e XVI): le due fasi sono distinte, ma congiunte più strettamente che nelle *Expositiones* di Guido da Pisa. La lettura del canto è costruita entro e nell'insieme dei canti: non si disarticolano o trascurano, dove opportuni, legamenti e richiami, così per « mantovani » (*Inf.* I 69) si rinvia a *Inf.* XX, per « ombra od omo » (*Inf.* I 66) a *Purg.* XXV, e così a limite o ben oltre i canti trattati. Si ha l'impressione che il commento cresca « insieme », non come pezzo che si aggiunga a pezzo, ma in una visione unitaria, salda in partenza. Si introducono testimonianze (e proprio per necessità di realismo e documentazione), anche laddove assumono la forma dell'aneddoto. I documenti, veri o accettati per tali, ma sempre con convinzione genuina, rincalzano vicende e personaggi. Le citazioni sono sempre ampie, ricercate in un fondo inesauribile di letture desunte, se letterarie o storiche, in prevalenza da autori latini e dai Salmi, se scientifiche astronomiche ecc. da autori egizi « caldei » ecc. Talune di queste soste rispondono a un duplice bisogno sia per dar conto all'uditorio di cose poco o maldestramente note o difficilmente accertabili, sia per soddisfare ad una propria e stimolante curiosità (che fu perenne nell'uomo Boccaccio). Così è, per esempio, nel commento a tutti i nomi

---

[38] *Ibid.*, p. 18.

che s'incontrano in *Inf.* IV. Tuttavia esiti e origine di queste soste assumono, in più luoghi, diverse funzioni; qualche volta si riportano a dati autobiografici, come per il soggiorno di Virgilio a Napoli; [39] qualche altra esprimono dubbi, come per « lombardi » (*Inf.* I 68) o ancora un puro intento di chiarezza e di divulgazione di nozioni correnti, come quelle su Augusto [40]; qualche altra, infine, sono veri e propri espedienti per precisare significato e valore dei termini « poesia-poeta », come capita a proposito di Virgilio. [41] È questo un tema pressante e centrale nel Boccaccio, almeno dalla *Genealogia* in poi, che si traduce ora nell'attenzione alle parole, ai significati e alle figure poetiche; ora nella sottolineatura dell'ufficio e dei compiti di un'opera. Se si trovano due o più aggettivi, come in *Inf.*, I 5 « esta selva selvaggia e aspra e forte », ogni studio è posto nell'intenderli prima in sé, nel costruirli a piramide, poi, e nell'abbracciarli in progressione unitaria. Felicissima, e nuova a fronte dei precedenti commenti, è la capacità di cogliere le deduzioni dei significati accrescitivi: così a commento di *Inf.*, I 7 scrive: « Adunque, se la morte è poco più amara che quella selva, assai chiaro apare lei dovere essere molto amara, cioè ispaventevole ed intricata: le quali cose prestano amaritudine gravissima di mente ». [42] Acuto sempre il senso critico nell'individuare o interpretare le figure poetiche, come accade a *Inf.*, V 28 « mi ripigneva là dove 'l sol tace » (collegato a *Inf.*, V 28): « Anzi manifesta cosa è che 'l sole non parla, né similmente alcuno luogo [...]; e sono questi due accenti, il tacere e l'essere muto, propriamente dell'uomo [...]. Ma questo modo di parlare si scusa per una figura, la quale si chiama 'acirologia' ». [43] È una illuminazione che può avere dato origine al bellissimo saggio di Pagliaro sull'*Epilogo del silenzio* [44] e dà storia e sfondo alle invenzioni sinestetiche dei poeti moderni.

Per l'ufficio della poesia e i compiti che ne conseguono il Boccaccio è coerente a se stesso e in linea con la poetica medievale e, in genere, preumanistica. L'ufficio del poeta è « nascondere la verità sotto favoloso e ornato parlare » (« verità », naturalmente per un poeta erano « quelle che la sua erronea religione estimava esser vere »). « Poeti furono esti-

---

[39] *Ibid.*, p. 32.
[40] *Ibid.*, p. 33.
[41] *Ibid.*, pp. 34-43.
[42] *Ibid.*, p. 21.
[43] *Ibid.*, p. 28.
[44] A. PAGLIARO, *Il segno vivente*, Napoli, Ediz. Scientifiche Italiane, 1952 e *Nuovi saggi di critica semantica*, Messina-Firenze, G. D'Anna, 1956 a proposito del virgiliano « tacitae per amica silentia lunae ».

mati non solamente teologi, ma eziandio essaltatori delle opere de' valorosi uomini, per li quali li stati de' regni, delle province e delle città si servano, e, oltre a ciò, quelli ne' loro versi di fare eterni si sforzano, e similmente furono grandissimi commendatori delle virtù e vituperatori de' vizi ». È una poetica che si modella su Dante e soddisfa il lettore in pace con se stesso e con la storia. « Fu adunque il nostro poeta, sì come gli altri poeti sono, nasconditore, come si vede, di così cara gioia, come è la catolica verità, sotto la volgare corteccia del suo poema. Per la qual cosa si può meritamente dire questo libro essere poliseno, cioè di più sensi ».[45] In altri casi, invece, pochi per fortuna ma scomodi per un lettore officiato di un'amministrazione guelfa e poi dinanzi ad un uditorio (si tenga presente) vivace e pronto alla denuncia, Boccaccio corre subito ai ripari e si rifugia nel criterio della caratterizzazione, ch'è poi tutt'una con la « cautela poetica ». È il caso di *Inf.* XIII, a proposito del destino dei suicidi prima e dopo del giudizio universale, e dei versi 107-108:

... saranno i nostri corpi appesi,
ciascuno al prun de l'ombra sua molesta,

il che, si commenta, è contrario alla verità cattolica, « per la qual noi abbiamo che tutti risurgeranno i nostri corpi [...]. E qui è da credere che l'autore non ha qui fatte narrar queste parole a questo spirito, sì come ignorante degli articoli della nostra fede, per ciò che tutti esplicitamente gli seppe, sì come nel *Paradiso* manifestissimamente apare; ma, dovendo questo error recitare, ha qui usata una cautela poetica, la quale è che, quante volte i poeti vogliono porre una oppinione contraria alla verità, essi si guardano di recitarla essi in propria persona, ma inducono alcun altro ».[46] E chi sa cosa avrebbe pensato e detto il Boccaccio delle condanne di Bonifazio VIII e Bonturo prima della morte! Questo sospetto è forse la cosa peggiore che potesse accadere a Dante. Cautela, certo, come quando, sgomento della « verità e moltitudine delle materie », dichiara: « Intendo che se alcuna cosa meno avvedutamente o per ignoranza mi venisse detta, la qual fosse meno che conforme alla catolica verità, che per non detta sia, e da ora la rivoco e alla emendazione della santa chiesa me ne sommetto »:[47] ed è in linea con Guido da Pisa. Ancora più guardingo e sospettoso era stato il Lana (e peggio il Buti) quan-

---

[45] G. Boccaccio, *Esposizioni*... cit., p. 57.
[46] *Ibid.*, p. 619.
[47] *Ibid.*, p. 10. Per Guido da Pisa, *Expositiones*... cit., pp. 30-31 (quasi con le stesse parole).

do aveva dichiarato di considerare approvato e ben detto solo quello che si confacesse « al senso e al termine della santa madre Ecclesia Cattolica Romana », diversamente « se deviasse, discrepasse, overo contradicesse, al predetto senso e tenore della santa Chiesa, sì ho per vano e non per ben detto, e però lo casso e vacuo e tegno per da nessuno valore, sì come cristiano puro, fedele e verace ». [48] Si è, evidentemente, ancora nel clima delle accuse di fra Guido Vernani da Rimini e della condanna della *Monarchia*. [49] Pietro Alighieri n'è coinvolto e solo la tenerezza di figlio lo spinge a diffidare « quei che voglion dire che 'l Maestro della fede fussi errante ». [50] Non occorre gridare allo scandalo: la storia del costume non sempre si codifica come morale. Tuttavia questa cautela in Boccaccio rimane periferica (e tutt'al più da intendere nel clima delle nuove idee maturate dopo il *Decameron*), non insidia la sostanza del commento: più grave e fastidiosa è invece negli altri, il cui argomentare, sempre moderatamente laico (se non esplicitamente guelfo), dinanzi alle audacie di Dante o parafrasa soltanto o volutamente omette chiose e riferimenti ritenuti assai scomodi o, addirittura, storce il pensiero con giustificazioni morali e teologiche.

Salvo questo incidente interpretativo, la concezione di Boccaccio, se da una parte ubbidisce al principio dantesco e corrente nel tempo di « nascondere la verità sotto favoloso e ornato parlare », dall'altra si pone come esaltazione della poesia disinteressata, non « lucrativa », la sola atta a dignità. Il disprezzo di Dante per i maneggi dei mercanti si traduce, già umanisticamente, in elogio della poesia contro i mercanti. « Empiono la borsa o la cassa l'arti meccaniche, le mercantantie, le leggi civili e le canoniche; ma queste, semplicemente al guadagno adoperate, non posson prolungare né prolungano un dì la vita al guadagnatore ». « La poesì, la qual solamente a' nobili ingegni se stessa concede, poiché con vigilante studio è apresa, non diriza l'appetito ad alcuna riccheza, anzi quelle, sì come pericoloso e disonesto peso, fugge e rifiuta ». [51] È scoperta l'influenza di Petrarca (della lettera a Boccaccio in particolare) e a Petrarca si rivolge il suo discorso, dopo rapidi cenni a Omero Sofocle Euripide Eschilo Ennio e così via. Petrarca che « con la dottrina poetica

---

[48] I. Della Lana, *Comedia di D. A.* a cura di L. Scarabelli, Bologna, tip. Regia, 1866, vol. III, p. 515.

[49] A. Vallone, *Antidantismo politico nel XIV secolo*, Napoli, Liguori, 1973.

[50] P. Alighieri, *Le rime*, a cura di G. Crocioni, Città di Castello, Lapi, 1903.

[51] G. Boccaccio, *Esposizioni*... cit., pp. 683-684. Per la « lucrativa » e altri concetti cfr. G. da Pisa, *Declaratio* a cura di F. Mazzoni, Firenze, Società Dantesca Italiana, 1970, p. 35 e *Expositiones*... cit.

riempiuta ogni parte, dove la lettera latina è conosciuta, della sua maravigliosa e splendida fama e messo il nome suo nelle bocche, non dico de' prencipi cristiani, li quali li più sono oggi idioti, ma de' sommi pontefici, de' grandi maestri e di qualunque altro eccellente uomo in iscienzia? Non il presente nostro autore, la luce del cui valore è per alquanto tempo stata nascosa sotto la caligine del volgar materno, è cominciato da grandissimi litterati ad essere disiderato e ad aver caro? ». [52]

Passa anche di qui il segno di distacco dall'età di Dante a quella di Petrarca, dalla letteratura di stampo medioevale alla letteratura d'intenti petrarchesco-umanistici.

Accanto alla poesia e non in opposizione ad essa è vista ed esaminata l'allegoria. È questo, naturalmente, un elemento che accomuna tutti i prischi commentatori e che contraddistingue nelle sue linee generali e tra varie angolazioni e parentesi (come per Bembo e Borghini), [53] chiose e commenti dell'interpretazione dantesca fino a Vico. [54] Quello che può sfuggire all'analisi letterale, alla « esposizione » prima, si coglie, si precisa, si riesamina nell'analisi allegorica, la « esposizione » seconda, che si articola in numerose sottovoci: ognuna deve in sé dare ragione del perché e del come di una cosa e ognuna deve concorrere all'unità della frase-immagine (es.: i tre aggettivi di « selva », o le qualità delle tre fiere, ecc.). In questa tela, per uno o più temi-motivi, ogni cosa s'inserisce avvedutamente, consapevolmente, razionalmente: Virgilio « ragione » entra in modo perfetto e dà logicità alla scena. Niente è lasciato alla divinazione dell'immaginativa. Si crea, invece, un mondo compatto, pensato fin dalle radici, costruito ad occhi aperti, con luminosa e tenace e spietata consapevolezza: nasce d'un pezzo e tutto d'un pezzo si propone al lettore.

La lettura non va avanti con inserimenti o a schede (come è parso a qualche lettore d'oggi). Le schede ci sono (e si pensi, come innanzi si è detto, al riutilizzo di tante parti di opere minori, dalla *Genealogia* e da altre); [55]; ma sono rimpastate e condotte, qui meglio che altrove, a signi-

---

[52] Ibid., p. 685. È utile cfr. E. G. PARODI, *Il Boccaccio in laude di Dante* [1907] in *Lingua e Letteratura*, Venezia, Neri-Pozza, 1957, pp. 493-500. E ancora G. BILLANOVICH, *Pietro Piccolo da Monteforte tra il Petrarca e il Boccaccio* in « Medioevo e Rinascimento. Studi in onore di Bruno Nardi », Firenze, Sansoni, 1955, pp. 3-76.

[53] A. VALLONE, *L'interpretazione di Dante nel Cinquecento*, Firenze, Olschki, 1969, pp. 69-77, 218-226.

[54] A. VALLONE, *La critica dantesca nel Settecento*, Firenze, Olschki, 1961, pp. 23-34.

[55] D. GUERRI parla, in genere, di « sconnessione ». (*Il Commento a Dante* ecc., Bari, Laterza, 1926, vol. IV, p. 65); G. PADOAN (*L'ultima opera di G. B. le « Esposizioni sopra il Dante »*, Padova, Cedam, 1959, p. 17) parla di « squilibri di stesura ». La tradu-

ficare coerentemente il fondo o sottofondo di un'opera. Questo accade perché l'inventiva, che nel Boccaccio pur sempre è organicamente impressa, qui deve, peraltro, riportarsi a un testo e ridursi all'ufficio di splanamento. Altrove dice che « l'autore niente ponga senza cagione »: ed è un tema-programma. Convergono in una certa misura, senso vigile delle varie opinioni (e si veda il *feltro*), modernità di quel discorrere e felicità nel lasciare le cose inespresse al loro posto, senza sovrapposizioni di sorta. Lezione dura per gli allegoristi a tempo pieno, oggi baldanzosi anche dopo le legnate di Barbi e Nardi! Il consiglio non è mai perentorio: in apparenza, accomodante; nella sostanza, realistico. « Tenga di questo ciascuno quello che già credibile gli pare »: [56] è un altro cardine del metodo e del buon senso.

> In ciascuna figurata scrittura si pongono parole che hanno a nascondere la cosa figurata e alcune che alcuna cosa figurata non ascondono, ma però vi si pongono, perché quelle che figurano possan consistere [...]. E perciò estimo che molto più onesto sia a credere ad Agostino [« Non omnia, que gesta narrantur, aliquid etiam significare putanda sunt... »] che stoltamente oppinare quello che manifestamente si può riprovare; e quinci prendere certeza, se alcuna cosa allegorizando è omessa, quella non per negligenzia, ma per non conoscere che oportuna vi sia l'allegoria, essere stata intralasciata. [57]

Così è che per « sonno » (*Inf.*, I 11: « tant'era pieno di sonno in su quel punto ») lettera e allegoria non si sopravanzano, ma s'integrano e si commentano a vicenda, perché quel che vale per la prima vale anche per la seconda e viceversa. Non v'è spaccato tra l'una e l'altra. L'intelligenza di chi ascoltava e legge ora non trova disagio, né si sgomenta né si meraviglia nell'assunzione di significati polisensi. Piano è sempre il

---

zione il primo la vedeva « pigramente letterale » (*ibid.*, p. 106); il secondo svolta « molto approssimativamente » (*ibid.*, p. 19). Per i rapporti *Comento - De Claris* il Guerri stima che « più che di un vero riordinamento della materia, si tratta anche qui di spostamenti incongruenti » (*ibid.*, p. 117); e che tuttavia « il rifacimento pareggia e forse migliora i passi dedotti » (*ibid.*, p. 118); aggiunge il Padoan che « il Boccaccio è venuto spostando interi periodi, riordinandoli secondo una nuova migliore successione » (*ibid.*, p. 27). E alle due opere occorre rifarsi per altri raffronti. Ma si veda anche più in generale: G. Billanovich, *La leggenda dantesca del B.* ecc. in « Studi Danteschi », xxviii, 1949, pp. 45-144; C. Grabher, *Il culto del B. per D.* in « Studi Danteschi «, xxx, 1951, pp. 129-156. Per i passi del *Comento* derivati da altre opere di B.: P. Toynbee, *Authors quoted by B. in his Comento* in « Miscellanea storica della Valdelsa », xxi, 1913, p. 78; D. Guerri, *op. cit.*, p. 105, n. 1 (dichiara di riferirsi a quello spoglio trasferendo però le cit. dall'ed. Milanesi alla sua); G. Padoan, *L'ultima opera* cit., p. 93 sgg.

[56] G. Boccaccio, *Esposizioni...* cit., p. 91. La precedente cit. è a p. 158.

[57] *Ibid.*, pp. 92-93.

discorso. « È questo sonno mentale quello del quale il nostro autore vuole che qui allegoricamente s'intenda; nel quale ciascuno, che si diletta più di seguir l'appetito che la ragione, è veramente legato, e ismarrisce, anzi perde, la via della verità, alla quale in eterno non può ritornare ». [58]

Nell'ambito di queste qualità obiettive del commento (e senza peraltro creare disarmonia o rigetto) si inseriscono anche le caratteristiche proprie e sole del Boccaccio. Basta pensare al cospicuo apporto, ai fini della illustrazione ed esemplificazione dei temi danteschi, delle esperienze dirette, come, a proposito del naviglio di Caronte, alle traversie dei mercanti: letteratura e vita vissuta: il rapporto è ancora più agevole e opportuno, perché al concreto della fantasia di Dante non disdice affatto il concreto del reale di Boccaccio.

E, se di ciò per avventura alcuno essemplo aspettaste, lasciando stare la sollicitudine pastorale de' sommi pontefici, le grandi imprese de' re, de' prencipi e de' signori, riguardate con l'occhio della mente quelle de' mercatanti, co' quali noi continuamente siamo: ogni piccolo movimento ora in Inghilterra, ora in Fiandra, ora in Ispagna, ora in Cipri, ora in una parte e ora in un'altra, sollicitando, ricordando, avvisando, li fa scrivere non lettere, ma vilumi a' lor compagni; e, inanzi tratto, sempre con sospetto l'aportate ricevono; ogni vento gli tien sospesi a' loro navili; né sì piccolo romore di guerra nasce che essi incontanente non temano delle mercatantie messe in cammino; e quanti sensali parlan loro, tanti fan loro mutare animi e consigli. [59]

Più largamente incisive e lievitanti poi si presentano le varie, mosse ed elegantissime esperienze di narratore. Vi si inseriscono soprattutto i moduli e l'arte del medaglione sapido e arguto sempre, come quello di Semiramide, i cui dati storico-leggendari, genericamente culturali, si sciolgono in ritmo narrativo e in prestanza inventiva.

E così avendo acquistata real maestà, severissimamente servò la disciplina militare e con virile animo ardì non solamente di servare lo 'mpero acquistato da Nino, ma ancora d'accrescerlo; e a niuna fatica, che robusto uomo debba poter soferire, perdonando, si sottomise Etiopia e assalì India, nella quale alcun altro mortale, fuor che il marito, non era stato insino a quel tempo ardito d'entrar con arme. Ed essendole in molte cose ben socceduto del suo ardire, non dubitò di manifestarsi esser Semiramis, e non

[58] *Ibid.*, p. 61.
[59] *Ibid.*, p. 166.

Ninia, a' suoi esserciti. Essa, oltre alle predette cose, pervenuta in Babillonia, antichissima città da Nembròt edificata, e veggendola in grandissima diminuzione divenuta, a quella tutte le mura riedificò di mattoni e quelle rifece di mirabile grosseza, d'alteza e di circuito.

E parendole aver molto fatto, e posto tutto il suo imperio in riposo, tutta si diede alla lascivia carnale, ogni arte usando che usar possono le femine per piacere. E, tra l'altre volte, faccendosi ella con grandissima diligenzia le trecce, avvenne che, avendo ella già composta l'una, le fu racontato che Babillonia le s'era ribellata e venuta nella signoria d'un suo figliastro; la qual cosa ella sì impazientemente ascoltò che, lasciato stare il componimento delle sue trecce, e i pettini e gli specchi gittati via, prese subitamente l'armi, e, convocati i suoi eserciti, con velocissimo corso n'andò a Babillonia e quella assediò; né mai dall'assedio si mosse, infino a tanto che presa l'ebbe e rivocata sotto la sua signoria: ed allora si fece la treccia, la quale ancora fatta non avea, quando la ribellione della città le fu detta. E questa così animosa operazione per molte centinaia d'anni testimoniò una statua grandissima fatta di bronzo d'una femina, la quale dall'un de' lati aveva i capelli sciolti e dall'altro composti in una treccia, la quale nella piazza di Babillonia fu elevata.

E, oltre a questa così laudabile operazione, molte altre ne fece degno di loda, le quali tutte bruttò e disonestò con la sua libidine. La quale ancora, secondo che l'antichità testimonia, crudelmente usò; per ciò che, come alquanti dicono, quegli giovani, li quali essa eleggeva al suo disonesto servigio, poi che quello aveva usato, acciò che occulto fosse, quegli faceva uccidere.

Ma nondimeno, quantunque ella crudelmente occultasse gli adultèri, i parti conceputi di loro non poté occultare. E sono di quegli che affermano lei in questo scellerato servigio aver tirato il figliuolo: e, acciò che alcuna delle sue femine non gli potesse lui col suo servigio sottrarre, dicono sua invenzione essere stata quel vestimento, il quale gli uomini fra noi usano a ricoprire le parti inferiori, e di quello aver le sue femine vestite, e ancora con chiave fermatolo. Dicono ultimamente alcuni che, avendo ella a questa disonestà richiesto il figliuolo, che il figliuolo, avendo ella già regnato trentadue anni, l'uccise. Alcuni altri dicono esser vero che il figliuolo l'uccidesse, ma non per questa cagione: anzi o perché esso se ne vergognasse o perché egli temesse non fosse ella partorisse figliuolo che con opera di lei il privasse del regno.[60]

Non di rado il ritratto emerge dalla vicenda: la caratterizzazione del personaggio, come quello di Paolo o di Francesca, non sta a sé, ma amabilmente si scioglie nell'azione, è azione stessa: l'amabilità non esclude l'energia e l'evidenza. Gli indugi, sapienti e misurati, non rendono fioca la rappresentazione dell'insieme: così il generale, ch'è pur

[60] *Ibid.*, pp. 294-295.

sempre nel Boccaccio una somma di particolari, non sciupa il dettaglio. Su questo piano la differenza con altri commentatori trecenteschi è fortemente marcata.

E fatto poi artificiosamente il contratto delle sponsalizie e andatone la donna a Rimino, non s'avvide prima dello 'nganno che essa vide la mattina seguente al dì delle noze levare da lato a sé Gian Ciotto; di che si dee credere che ella, vedendosi ingannata, isdegnasse né perciò rimovesse dell'animo suo l'amore già postovi verso Polo. Col quale come ella poi si giugnesse mai non udi' dire se non quello che l'autore ne scrive; il che possibile è che così fosse: ma io credo quello essere più tosto fizione formata sopra quello che era possibile ad essere avvenuto, ché io non credo che l'autore sapesse che così fosse.

E perseverando Polo e madonna Francesca in questa dimestichezza, ed essendo Gianni andato in alcuna terra vicina per podestà, quasi senza alcun sospetto insieme cominciarono ad usare. Della qual cosa avvedutosi un singulare servidore di Gianni, andò a lui e racontògli ciò che della bisogna sapea, promettendogli, quando volesse, di fargliele toccare e vedere.

Di che Gianni fieramente turbato, occultamente tornò a Rimino e da questo cotale, avendo veduto Polo entrare nella camera di madonna Francesca, fu in quel punto menato all'uscio della detta camera, nella quale non potendo entrare, ché serrata era dentro, chiamò di forza la donna e dié di petto nell'uscio. Per che da madonna Francesca e da Polo conosciuto, credendo Polo, per fuggire subitamente per una cateratta, per la quale di quella camera si scendea in un'altra, o in tutto o in parte potere ricoprire il fallo suo, si gittò per quella cateratta, dicendo alla donna che gli andasse ad aprire.

Ma non avvenne come avvisato avea, per ciò che, gittandosi giù, s'appiccò una falda d'un coretto, il quale egli avea indosso, ad un ferro, il quale ad un legno di quella cateratta era; per che, avendo già la donna aperto a Gianni, credendosi ella, per lo non esservi trovato Polo, scusare, ed entrato Gianni dentro, incontamente s'accorse Polo esser ritenuto per la falda del coretto; e con uno stocco in mano correndo là per ucciderlo, e la donna, accorgendosene, acciò che quello non avvenisse, corse oltre presta e misesi in mezzo tra Polo e Gianni, il quale avea già alzato il braccio con lo stocco in mano e tutto si gravava sopra il colpo: avvenne quello che egli non arebbe voluto, cioè che prima passò lo stocco il petto della donna che egli agiugnesse a Polo. Per lo quale accidente turbato Gianni, sì come colui che più che se medesimo amava la donna, ritratto lo stocco, da capo ferì Polo e ucciselo: e così amenduni lasciatogli morti, subitamente si partì e tornossi all'uficio suo. Furono poi li due amanti con molte lacrime la mattina seguente sepelliti e in una medesima sepoltura [61].

---

[61] *Ibid.*, pp. 316-317.

Antologizzare questo Boccaccio dantista sarebbe singolarmente esemplare e sorprendente.

La caduta della allegoria nella religione e nella morale, in consonanza alle nuove convinzioni del Boccaccio e a taluni particolari della *Commedia*, è un rischio del commento, che circola e insidia qua e là e sempre incidentalmente la trama delle osservazioni e del ragionamento. Né su questo aspetto occorre insistere. Giova, invece e assai fruttuosamente, rilevare che nei momenti più felici e su più vasta scala, il moralizzare puro e sentenzioso (ch'è un tributo al tempo) cede il posto al gusto del rappresentare i costumi e le mode, riderne riprendendoli. Ma qui non v'è la condanna del moralista. Il giudizio, nel suo fondo, è da letterato: qualcosa che si avvicina al mondo delle commedie del cinquecento, ove il cittadino di Firenze motteggiava con malizia penetrante le velleità del villico urbanizzato: [62] e, dunque e soprattutto, un giudizio di stile e di buon gusto.

A proposito dei lussuriosi di *Inf.* V il Boccaccio, a raffronto del giovane Spurima dell'antica Roma (che, idolatrato per la sua bellezza e in odio ad essa, rende deforme il viso), introduce i ganimedi d'oggi (quasi un preannunzio pariniano), incipriati e imbellettati. C'è, certo, nel quadro che ne deriva, una profonda istanza morale; ma la presentazione sorpassa di gran lunga e scioglie il nucleo di fondo e si propone in sé e per sé.

Noi leggiamo che in Roma fu un giovane chiamato Spurima, il quale, quantunque avesse tutta la persona bella, avea oltre ad ogni altro mortale il viso bellissimo, in tanto che poche donne erano che di tanta constanzia fossero che, vedendolo, non si commovessono a disiderare i suoi abracciamenti; della qual cosa accorgendosi egli, per non esser cagione che alcuna casta mente la sua onestà contaminasse con appetito men che onesto, preso un coltello, tutto il bel viso si guastò, rendendolo non meno con le fedite diforme che formoso fatto l'avessono le mani graziose della natura. In verità laudevole cosa fu questa e da doverla con perpetua commendazione gloriare.

Ma i moderni giovani fanno tutto il contrario: i costumi de' quali avere alquanto morsi non fia loro per avventura disutile e potrà esser piacevole ad altrui. E, acciò che io non mi stenda troppo, mi piace di lasciare la sollicitudine, la qual pongono, gran parte del tempo perdendo appo il barbiere, in farsi pettinare la barba, in far la forfechina, in levar questo peluzo di quindi e rivolger quell'altro altrove, in far che alcuni del tutto non occupino la bocca, e in ispecchiarsi, azimarsi, allicchisarsi, iscrinarsi i capelli, ora in forma

[62] A. Vallone, *Avviamento alla commedia fiorentina del Cinquecento*, Asti, Ed. Arethusa, 1951.

barbarica lasciandogli crescere, attrecciandogli, avvolgendosegli alla testa e talora soluti su per gli omeri lasciandogli svolazare e ora in atto chericile raccorciandogli; e similmente ristrignersi la persona, fare epa del petto, non in su' lombi ma in su le natiche cignendosi come gatti allacciarsi anzi legarsi, e a' calzamenti portare le punte lunghissime, non altrimenti che se con quelle uncinare dovessono le donne e tirarle ne' lor piaceri, farsi le trombe alle maniche e di quelle non mani ma brache più tosto d'orso cacciare.

Né vo' dire de' capuccini, co' quali o a babbuini o a scottobrinzi simiglianti si fanno, né similmente della lascivia degli occhi, co' quali quasi sempre quel vanno tentando che essi poi non vorrebbono aver trovato; e lascerò stare gli atti, gli andamenti e' portamenti, il cantare e 'l carolare, e così le promesse e' doni, de' quali si può però più tacere che dire, sì sono in cintola divenuti stretti; e a un solo lor costume verrò, il quale, quantunque a loro prestantissimo paia, per ciò che con gli occhi offuscati di caligine infernal si riguardano, mi par tanto detestabile, tanto abominevole, tanto vituperevole che non che ad altrui, ma io credo che egli dispiaccia a colui il quale è di tutti i mali confortatore e che a ciò gli sospigne: e questo è che portano i panni sì corti, e spezialmente nel conspetto delle femine, che, qualunque fosse quella che alla barba non se ne avvedesse, guardandolo alle parti inferiori può assai agevolmente cognoscere che egli è maschio; e, se la cosa procede come cominciato ha, non mi par da dover dubitare che infra poco tempo non si tolga ancor via quel poco di panno lino il quale solamente vela il color della carne, e così non sarà da que' cotali differenza alcuna da' bruti animali.

Ingegnossi la natura, la quale è sommamente discreta, di nascondere quelle parti del corpo, le quali a lei più occulte parvero, que' membri dei quali, mostrandogli, ciascun si dee vergognare; e, oltre a ciò, l'uso, della vergogna nato, ci ha dimostrato, quantunque dalla natura, secondo che ella pote, nascosti sieno, di velargli e ricoprirgli co' vestimenti; e quantunque o necessità o usanza l'altre parti del corpo scoperte patisca, quelle in alcun modo è alcuno, fuor che i presenti giovani, che scoperte le sofferi.[63]

Una spia esterna ed eloquente è nell'assunzione di un vocabolario ricco, strepitosamente vario, mi si permetta, pittoresco, divertente e divertito. Questi giovani hanno solo sollecitudine « appo il barbiere, in farsi pettinare la barba, in far la forfechina, in levar questo peluzo di quindi e rivolger quell'altro altrove, in far che alcuni del tutto non occupino la bocca, e in ispecchiarsi, azimarsi, allicchisarsi, iscrinarsi i capelli » e così di seguito: un paradiso per i linguisti, che invero sono già stati alacri e puntigliosi.

---

[63] G. Boccaccio, *Esposizioni...* cit., pp. 332-333.

Non è un puro gusto di moralizzare, tetro dogmatico e pretesco come parve improvvidamente a qualcuno; [64] ma è, tutt'al più, un modo diverso di novellare di fronte al novelliere decameronesco: il tema è spesso uguale, l'esperienza è la stessa e certo più adulta, il materiale è ugualmente copioso: di più, o in meno forse, c'è la finalizzazione: e questo lo si deve al testo che Boccaccio ha davanti e deve commentare. Così per Ciacco e per i golosi egli assume a sé il gusto della gioia, prima di fissarlo come vizio, cui è implicita la condanna, lo smuove in smaglianti immaginette, entro le quali, beccata sempre, passa la società del tempo: l'avidità della grossa borghesia, le astuzie delle consorterie dei preti, la neghittosità dell'aristocrazia: un tutto che si traduce in rovina delle istituzioni pubbliche, nel discredito delle città e degli stati.

Ed è tanto questa maladizione di secolo, d'età in età perseverata e discesa, che infino a' nostri tempi, con molte maggior forze che ne' passati, è pervenuta; e, secondo il mio giudicio, dove che abbia ella molto potuto, o molto possa, alcuno luogo non credo che sia dove ella con più fervore esserciti, stimoli e vinca gli appetiti, che ella fa appo i Toscani: e forse non men che altrove appo i nostri cittadini nel tempo presente. Con dolore il dico: e, se l'autore non avesse solamente Ciacco, nostro cittadino, essere dannato per questo vituperevol vizio nominato, forse senza alcuna cosa dire del nostro essecrabile costume mi passerei. Questo adunque mi trae a dimostrare la nostra dannosa colpa, acciò che coloro, li quali credono che dentro a' luoghi riposti delle lor case non passino gli occhi della divina vendetta, con meco insieme e con gli altri s'avveggano e arossino della disonestà la quale usano.

Intorno a questo peccato, non quanto si converrebbe, ma pure alcuna cosa ne dirò. È adunque in tanto multiplicato e cresciuto appo noi, per quel che a me ne paia, l'eccesso della gola, che quasi alcuno atto non ci si fa, né nelle cose publiche né nelle private, che a mangiare o a bere non riesca: in questo i denari publici sono dagli uficiali publici trangugiati, l'estorsioni dell'arti e ne' sindacati, il mobile de' debitori dovuto alle vedove e a' pupilli, le limosine lasciate a' poveri e alle fraternite e a qualunque altra pietosa cosa,

---

[64] Il Guerri vede nell'opera una varia manipolazione: « la verità è – annota il Padoan – che il Guerri non sapeva conciliare *con l'idea che egli si era fatta del Boccaccio* quelle affermazioni di carattere religioso », non attribuibili a Boccaccio, *L'ultima opera...* cit., p. 103. Cfr. anche: A. Chiari, *Polemica sul Boccaccio* in *Indagini e letture*, Bari, L. Macrì (Città di Castello, Tip. Leonardo da Vinci), 1946 (poi in succ. ed.), pp. 35-87; G. I. Lopriore, *Le due redazioni del Trattatello...* in « Studi Mediolatini e Volgari », III, 1955, pp. 35-60. E prima M. Barbi, *Qual è la seconda redazione del « Trattatello »?* in « Miscellanea storica della Valdelsa », XXI, 1913, p. 100-141; G. Billanovich, *Prime ricerche dantesche*, Roma, Edizioni di « Storia e Letteratura », Ist. Grafico Tiberino, 1947. Per la posizione del Guerri, largamente discussa (e si veda almeno G. Vandelli, in « Studi Danteschi », xi, 1927, pp. 5-120), cfr. dello stesso Guerri, *Contributi alla storia della cultura fiorentina del primo Quattrocento* in « Giorn. Stor. Lett. It. », xcvi (fasc. 288), pp. 241-265.

l'essecuzioni testamentarie, le quistioni arbitrarie, non solamente i laici, ma ancora li religiosi divorano.

E questo miserabile atto non ci si fa come tra cittadino e cittadino far si solea, anzi è tanto d'ogni convenevoleza trapassato il segno che gli aparati reali, le mense pontificali, gli splendori imperiali sono da noi stati lasciati a dietro; né ad alcuna quantunque grande spesa, quantunque disutile, quantunque superba sia, si riguarda: ogni modo, ogni misura, ogni convenevoleza è pretermessa.

Vegnono oggi ne' nostri conviti le confezioni oltre marine, le cacciagioni transalpine, i pesci marini, non d'una ma di molte maniere; e son di quegli che, senza vergogna, d'oro velano i colori delle carni, con vigilante cura e con industrioso artificio cotte. Lascio stare gli intramessi, il numero delle vivande, i savori, di sapore e di color diversissimi, e le importabili some de' taglieri carichi di vivande tra poche persone messi, le quali son tante e tali, che non dico i servidori che le portano, ma le mense, sopra le quali poste sono, sotto di fatica vi sudano; né è penna che stanca non fosse, volendo i trebbiani, i grechi, le ribole, le malvagìe, le vernacce e mille altre maniere di vini preziosi discrivere.

E or volesse Idio che solo a' prencipi della città questo inconveniente avvenisse: ma tanto è in tutti la caligine della ignoranza sparta, che coloro ancora, li quali e la nazione e lo stato ha fatti minori, queste medesime magnificenzie, anzi pazie, trovandosi in luogo da ciò, appetiscono e vogliono come i maggiori.

In queste così oneste e sobrie comessazioni, o conviti che vogliam dire, come i ventri s'empiano, come tumultuino gli stomaci, come fummino i cerebri, come i cuori infiammino, assai leggier cosa è da comprendere a chi vi vuole riguardare. In queste insuperbiscono i poveri, i ricchi divengono intolerabili, i savi bestiali; per le quali cose vi si tumultua, millantavisi, dicevisi male d'ogni uomo e di Dio; e talvolta, non potendo lo stomaco sostenere il soperchio, non altramente che faccia il cane, sozamente si vòta quello che ingordamente s'è insaccato. [65]

La conclusione coincide con l'elogio degli antichi usi, che sta a sé, si capisce, ma è anche nello spirito di Dante. Si lamentano come perdute « la roza sobrietà, la rustica semplicità, la santa onestà, le ghiandi, le fontane, gli essercizi, la libera vita » e si vedono al loro posto la « dissoluta ingluvie, ebrietà e tumultuosa miseria ». [66]

È, in certo qual modo, il tema della canzone *Tre donne intorno al cor mi son venute*, di Marco Lombardo, di Cacciaguida, di Pier Damiano, come elegia, però, non come dramma della malinconia storico-morale.

---

[65] G. Boccaccio, *Esposizioni* ... cit., pp. 370-371.
[66] *Ibid.*, p. 372.

Filologia o etimologia e morale si fondano: la prima (quando non si ricorra all'uso fiorentino)[67] secondo gli schemi canonici da Isidoro di Siviglia a Uguccione da Pisa, (e si vedano, come esempio: « fornicazione » da « fornice », « stupro » da « stupore », « stige » da « tristizia » o, più caratteristicamente, « adulterio » da *adulterio*: *alterius ventrem terere* (poiché « l'adulterio è il priemere l'altrui ventre, per ciò che in esso si prieme la possessione, la quale non è di colui che la prieme, né similmente di colei alla quale è premuta, ma del marito di lei »);[68] la seconda nei modi e nei temi via via acquisiti da Boccaccio. E filologia o etimologia e morale si scaricano (e va sottolineato ancora questo aspetto) nell'invenzione linguistica prestigiosa, incalzante, inquietamente maliziosa.

All'accidioso si appiccicano cinque aggettivi (« rognoso, scabbioso, bolso, malinconico e pauroso »)[69] non meno di tanti per ogni dannato. Per i golosi si creano venticinque-trenta qualificazioni: una carica linguistica d'urto e di assalto quale mai si era avuta e forse si avrà (a parte taluni squarci di ribelli del Cinquecento), che ad ondate si rovescia sul lettore. Dunque, i golosi sono « tutti, ingluviatori, ingurgitatori, ingoiatori, agognatori, arrappatori, biascicatori, abbaiatori, cinguettatori, gridatori, ruttatori, scostumati, unti, brutti, lordi, porcinosi, rantolosi, bavosi, stomacosi, fastidiosi e noiosi a vedere e ad udire, uomini, anzi bestie, pieni di vane speranze, sono vòti di pensieri laudevoli e strabocchevoli ne' pericoli, gran vantatori, maldicenti e bugiardi, consumatori delle sostanze temporali, inchinevoli ad ogni dissoluta libidine e trastullo de' sobri ».[70]

Ogni termine qualifica in sé una condizione, completa il precedente e si travasa in quello che segue.

Una ricerca così vasta ed una dedizione così assoluta non ci sono mai state nella storia delle lettere italiane del XIV secolo.

---

[67] Si vedano, ad esempio, le chiose a: *Inf.* II, 3 « e io sol uno »; e *Inf.* II, 14-5 « ad immortale Secolo andò »: « Par che qui sia un vizio, il quale si chiama *'inculcatio'*, cioè porre parole sopra parole che una medesima cosa significhino, come qui sono; per ciò che 'solo' non può essere se non uno, e 'uno' non può essere se non solo; ma questi si scusa per lo lungo e continuo uso del parlare », *ibid.*, p. 95: « 'Secolo', secondo il suo proprio significato, è uno spazio di tempo di cento anni, secondo il romano uso: ma in questa parte non lo 'ntende l'autore per ispazio di tempo, ma seguendo l'uso del parlare fiorentino, nel quale, volendo dire 'in questo mondo', spesso si dice 'in questo secolo', rivolgendo il nome del tempo in nome del luogo dove il tempo s'usa, cioè nel mondo, chiama secolo l'altro mondo, cioè lo 'nferno », *ibid.*, p. 104.

[68] *Ibid.*, pp. 340, 663, 341.

[69] *Ibid.*, p. 444.

[70] *Ibid.*, p. 375.

Boccaccio pensa proprio che tutto questo lo meriti Dante alla pari dei più grandi degli antichi. Non c'è ombra di riserva. Superati gli steccati, Dante diviene anch'egli un modello assoluto.

Nell'epistola a Iacopo Pizzinga (1372) trova altra occasione per ribadire il suo giudizio, netto e chiaro (« non plebeium aut rusticanum, ut nonnulli volunt, confecit quin immo artificioso schemate sensu latiorem fecit quam cortice ») e forse polemico contro certe titubanze e sospetti del grande amico Petrarca, convertito sì, ma a metà, come traspare dal gioco delle scuse e delle ammissioni (« aut cui tandem invideat qui Virgilio non invidet, nisi forte sibi fullonum et cauponum et lanistarum ceterorum ve, qui quos volunt laudare vituperant, plausum et raucum murmur invideam, quibus cum ipse Virgilio cumque Homero carere me gratulor? »).[71]

Questo parlar di schiamazzi di tintori, osti, beccai e simile genia attorno a Dante s'insinua nella letteratura del tardo Trecento, a contraltare, quasi, degli elogi che avevano, invece, nutrito la poesia della prima metà del secolo; passa poi nel Bruni[72] e nell'Umanesimo e sfocerà, travestendosi, nel purismo del Bembo. È una riserva di natura conservatrice, o, se si vuole, aristocratico-intellettualistica, che poggia prevalentemente sulla disistima del volgare e sul prestigio del latino. La matrice è nel Petrarca.

Boccaccio deve fare i conti con questa realtà (e solo lui e non i suoi predecessori) e persegue lo scopo (sottilmente colloquiando col suo grande amico) con tutti i mezzi e modi di cui dispone. Di qui prendono spicco la caratterizzazione e la identificazione di vita e arte, attinte all'interno dell'opera stessa di Dante, l'elogio o la tentazione della contemporaneità perenne, per cui il poeta non è idealizzato ma viene assunto come punto di riferimento, e, infine, il sano realismo interpretativo nel gioco continuo di filologia e morale cui dà lunga vita il sommo prestigio dello scrittore.

Questi i meriti di Boccaccio lettore, su cui non occorre insistere. Essi puntano mirabilmente alla linearità visuale, vorrei dire, della pagina dantesca. Ma il sottofondo di quel pensiero e il dramma di quella intelligenza rimangono, forse, oscuri o appena appena intravisti, ancor più gravemente poi con i lettori che Boccaccio precedettero o seguirono. Non erano da tanto uomini e tempi! E non traggano in inganno taluni

---

[71] PETRARCA, *Le familiari*, a cura di V. Rossi e U. Bosco, Firenze, Sansoni, 1942 (l. XXI, 15), p. 99.

[72] L. BRUNI, *Ad P. P. Histrum* ... cit., p. 70.

spunti del Petrarca delle lettere « sine nomine », certo ardenti e provocatori, ma non al di là di quanto altri, contro il papato avignonese, ad esempio, promuovevano con azione e pensiero: l'offesa alle idealità di Roma civile e cristiana trovava ristoro nella evocazione di Virgilio, impaludata di gloria antica. Ebbero questi almeno fiducia nell'umanesimo, prossimo e certo oltre ogni attesa vana. Con Dante scompaiono le speranze lunghe a riparo d'ogni torto; scompare la certezza di un mondo nato unito e sicuro, pur tra mille traversie, di restare unito: scompare il concetto della realtà, che, per quanto minuta e odiosa, è destinata ad essere assorbita e annullata dall'eterno e dentro l'eterno. La provvidenzialità è un tema che non si ripropone più, né commuove mai o a fondo i lettori d'ogni tendenza. Né entro questa s'incarna più o s'intende il destino universale dell'uomo. La religione del suo essere laico è come sradicata e dissoluta o tutt'al più proposta a insegnamento letterario. La profezia, ch'è slancio e nutrimento, è espulsa dal centro e scade a motivo episodico o da contorno periferico, quand'anche non sia irretita o soffocata del tutto: può considerarsi, in un certo senso, felice prova, l'intuizione di fra Guido da Pisa. Da questo punto, il rapporto tra autore e pubblico, tra testo e lettore (sia pure il Boccaccio) non dà più buone intese: il conto non torna e il dislivello di personalità aumenta. Per un riequilibrio occorrerà attendere ancora e aver fiducia nella storia.

INDICE

Finito di stampare
dalla Coop. Officine Grafiche Firenze
nel mese di novembre 1979